COMMUNE
NOUVELLE

MONTCUQ
EN
QUERCY BLANC

CONSEIL MUNICIPAL
Mardi 5 janvier 2016

Il faut toujours un doyen pour débuter...
Et c'était son anniversaire...

Montcuq en Quercy Blanc

Le salon du livre

Du même auteur*

* extrait du catalogue, voir www.ternoise.net

Stéphane Ternoise

Montcuq en Quercy Blanc

Le salon du livre

Jean-Luc Petit éditeur - Collection Edition

Stéphane Ternoise versant Montcuq historique : http://www.**montcuq**.info

Tout simplement et logiquement !

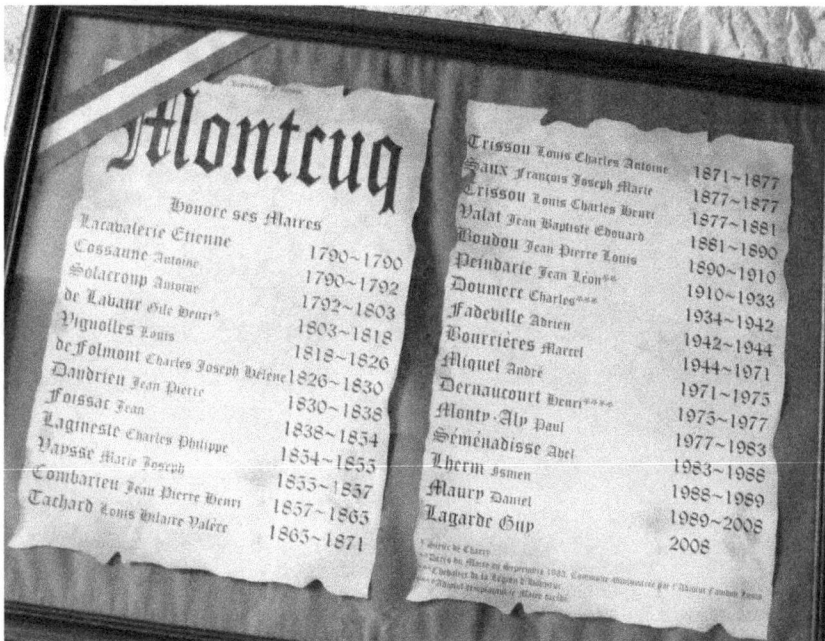

Tous droits de traduction, de reproduction, d'utilisation, d'interprétation et d'adaptation réservés pour tous pays, pour toutes planètes, pour tous univers.

Site officiel : http://www.ecrivain.pro

Montcuq en Quercy Blanc

Le salon du livre

Normalement,
Dans un pays au président normal,
Dans une association normale,
Chaque membre aurait tenu à relire ce livre, y apporter un "supplément d'âme"...

Mais c'est l'état d'urgence !
Et ce livre personnel témoigne ;
Disons : Stéphane Ternoise au-dessus du troublant nid de Montcuq.

Dans l'urgence.
Avec d'inévitables coquilles...
C'était ça où rien.

Nous en sommes là.

Rendez-vous à Montcuq-en-Quercy-Blanc le 14 août... Mais ne cherchez pas le panneau de la "commune nouvelle", il n'existe pas !
Nous vous attendons donc dans un lieu non référencé. Ça a le nom de Montcuq-en-Quercy-Blanc, l'odeur du nouveau mais c'est Montcuq, espace animation(s).
Le "nous" me semble encore difficile à détailler... Cette incertitude participe de la beauté du geste...

Y'a une route...

L'important... c'est de "faire les choses"...
C'est la voie, et l'envie, la force de continuer...

L'essentiel dans tout cela, c'est que ça donne
de la littérature en plus...

Naturellement, la littérature reste "le privilège"
d'une minorité. Mais ce privilège nous sommes
là pour vous l'offrir, à toutes et à tous...

Il vous suffit de vous tourner vers cette voie
pour déjà y vivre...

Il ne faut pas raconter la "cuisine interne" ? Il faut faire croire que tout est pour le mieux dans le meilleur des mondes ?

Non ! Même à ce modeste niveau de l'organisation d'un salon du livre en milieu rural : « *Notre métier n'est pas de faire plaisir, non plus de faire du tort, il est de porter la plume dans la plaie.* » (Albert Londres)

Je mets donc la plume dans les plaies de Montcuq (et "Quercy Blanc").

D'abord il y eut "certaines difficultés", disons liées à l'histoire de la création de la commune nouvelle, après deux décennies où mes remarques de villageois ne furent pas toujours appréciées "en ville". Puis se sont instaurées des relations cordiales avec notre maire. Nous nous sommes simplement parlés, nous accordant naturellement le droit de ne pas être d'accord sur tout ! Mais quand sur certains "dossiers" nous pouvons contribuer à faire vivre l'endroit où nous vivons, pourquoi nous en priver ?! En résumé ! Ces relations directes et franches me semblaient une bonne chose. Tout simplement. Je me permets même d'écrire "nous semblaient." Je signalais naturellement cette possibilité de dialogue, aussi pour ne pas l'avoir rencontrée chez l'ensemble des élus de notre département, de notre région.

Ce premier nouveau projet culturel de la commune nouvelle aurait pu servir à souder l'entité. En « descendant de la campagne » nous aurions pu être accueillis les bras ouverts par les acteurs associatifs de la commune la plus peuplée !...

Mais avant de penser à cela, ce salon du livre, pourtant validé par l'ensemble de ses membres, a "déstabilisé" l'association organisatrice. "Délégué à l'organisation" (titre jamais officiellement validé ; sûrement le plus proche de la réalité) je me lançais mi mars dans la réalisation d'un premier document destiné aux auteurs. Il y avait urgence à les inviter : nous avions retenu la date du dimanche 14 août. Et je m'étais engagé sur une capacité à "faire venir" une quarantaine d'écrivains, le nombre me semblant le plus approprié à l'événement. Personne, naturellement, ne souhaitait s'approprier cette mission, une forme de défi, dans notre microcosme du sud lotois....

Mais le 28 mars en « réunion du Conseil d'Administration », mon travail suscitait un premier heurt... J'y présentais pourtant simplement la réalité... Oui, il y avait mon nom, celui du maire...

Naturellement, je demandais aux mécontents de fournir une meilleure approche... avant le salon du livre de Figeac, du 10 avril, auquel je participais en espérant susciter l'enthousiasme de quelques confrères pour cette initiative.

Dans un style peu aimable, le *coupable* était prié de revoir sa copie ! Ça n'allait pas ! C'était à moi de trouver ma faute, et revenir vers les membres avec des feuillets acceptables, je n'avais pas l'esprit associatif... Oh là là...

Naturellement, le virulent contempteur ne proposait rien et après des échanges guère aimables, "de fait" les deux modestes pages se retrouvaient, par défaut, validées. Il faut croire qu'elles n'étaient pas si mauvaises : l'objectif fut rapidement atteint.

Mais au sein de l'association "Montcuq-en-Quercy-Blanc 1ere" les relations se sont tendues... Euphémisme. Puis certains semblent avoir voulu se mêler (utiliser ? envenimer ? résoudre à leur manière ?) des problèmes de couple... Au point qu'une action au pénal est ouverte, où se retrouvent impliqués, cités, plus ou moins, les six membres, les trois couples à l'initiative de la création de cette association !

Quand des "voisins", "amis", "collègues"... se mêlent d'affaires privées, ça laisse "souvent" des traces... Nous en sommes là le mardi 12 juillet au premier jet de cette préface, après le soutien de "voisins" suffisamment intelligents pour ne pas s'immiscer dans "le privé". Ils souhaitent simplement aider à la réussite de ce salon du livre.

Ayant décidé de célébrer également cet événement par un livre, je pouvais difficilement éviter ce sujet : il flotte déjà sur les eaux usées de "la place publique" et risque de pourrir encore le climat...

Vendredi 8 juillet, nous avons prévu, avec monsieur le maire, de "faire le point" une quinzaine avant cette première. Profitant de la fête nationale, j'abordais furtivement "l'affaire" avec lui. Elle ne concerne naturellement pas la mairie ! Avec l'un de ses adjoints nous avons remué des choses qui ne peuvent pas s'écrire dans un tel livre. Nous le savons : l'utilisation d'informations non vérifiées semble possible et atteint toujours au moins l'objectif d'affaiblir la personne visée...

Ayant pressenti une "mise en scène", j'ai pu conserver des documents le plus souvent impossibles à présenter dans une affaire de couple. Oui, il est parfois difficile de se défendre dans certaines situations. Mais la vie est parfois compliquée. Et de toute manière, un écrivain s'en sert "toujours" dans ses œuvres. En m'interrogeant l'adjudant semblait d'ailleurs avoir conscience de devenir un personnage (secondaire !) de ma vie littéraire et ne pas souhaiter retrouver son patronyme dans mes écrits. Oui mon colonel !

Vous l'avez deviné, malgré tout, je vis tout cela avec un certain détachement, conscient que son seul intérêt est littéraire. Une nouvelle je reviens au Marcel Proust de « *la vraie vie, la vie enfin découverte et éclaircie, la seule vie par conséquent réellement vécue, c'est la littérature.* »

Et j'en suis là.

Serein et souriant face à l'écran. Jacques Brel est mort à 48 ans. J'ai 48 ans. Alors... *J'veux qu'on rit, j'veux qu'on chante...*
J'ai œuvré à la réussite de ce salon du livre et ce document en constituera un pavé supplémentaire.

Assez causé de la petite histoire, place à la littérature, et à Montcuq, en Quercy, troublant. Blanc.

Le 20 juillet, le secrétariat de madame la Préfète du Lot m'a confirmé la présence de Madame Catherine Ferrier, préfète du Lot, à ce salon du livre... Le premier, et peut-être dernier.

S. Ternoise
29 juillet 2016, vue sur un passage bloqué...

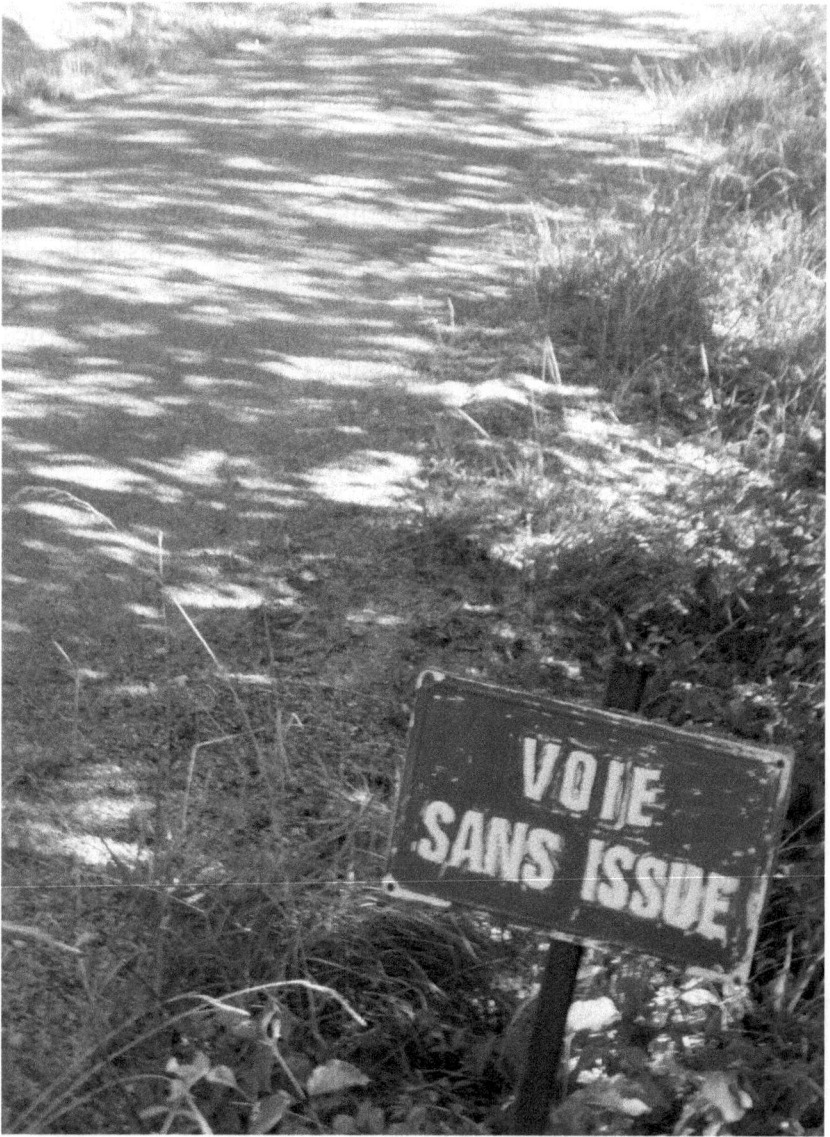

Une de nos voies rurales... Pourtant, j'ai finalement découvert une issue...

Le questionnaire de Montcuq-en-Quercy-Blanc...

Faire quelque chose en plus... Avec 25 années de participations aux salons du livre, une certitude m'anime : il ne suffit pas de mettre 17, 24, 46 ou 125 auteurs dans une salle pour faire venir des lectrices et lecteurs. J'ai connu des "bides retentissants" (pour les organisateurs, avec plus d'écrivains que de visiteurs ; où vendre un bouquin relève de l'exploit !).

Naturellement, même encore en 2005, il n'aurait pas été possible de réaliser un livre sur un tel sujet... Il sera numérique (et gratuit jusqu'au 14 août) mais également en papier... un collector ! D'où le choix du noir et blanc pour les photos.

Les 43 auteurs ont reçu les mêmes questions...

« Il y eut le questionnaire de Proust...

Je vous soumets donc quelques questions, afin d'éveiller l'attention des gens d'ici... auxquels n'hésiteront pas à se joindre de nombreux touristes...

La sonorité de Montcuq, où certains s'évertuent à ne pas prononcer le Q, vaut à la commune une attention particulière des médias.

Pour ce pari de la "Culture en milieu rural", nous allons naturellement essayer de rebondir sur cet intérêt, avec l'effet "commune nouvelle"...

Le questionnaire de Montcuq en Quercy Blanc... carrément ! Vos réponses seront largement, le plus possible, diffusées...

(...)

Merci de fournir, avec vos réponses, une photo avec autorisation de diffusion (pour internet et papier) ; l'envoi de la photo valant autorisation. »

"Naturellement", les écrivains ne sont pas forcément très disciplinés... Mais le plus souvent ils répondent aux questions car connaissent la règle du jeu : on obtient ainsi plus de visibilité.

Forte participation... les fautes dans les réponses sont de leur responsabilité !...

Ils me semblent avoir eu tort de ne pas répondre les autres...

Mais les écrivains ne répondent pas forcément précisément aux questions... Il en est pour qui cela constitue l'occasion de placer un texte habituel, jugé important. Vous venez avec vos questions, je viens avec mes réponses ! D'autres débordent (je suis de ce genre !)

D'autres, peut-être même sans avoir suivi mes interviews du webzine, savent préférables de répondre réellement. Et ce sont là les échanges les plus passionnantes.

J'ai parfois reçu une liste de réponses. Je suis intervenu uniquement quand la pratique bloquait la compréhension. J'ai "coupé" le moins possible. Il s'agit bien des mots des écrivains...

Quant aux "questions longues", elles furent rapidement abrégées. Je n'allais quand même pas noter trente-cinq fois l'adresse youtube de la vidéo...

Les questions ne furent pas toujours comprises de la même manière. C'est également le charme de cette approche...

Sauf précision, les photos des auteurs sont leur propriété. Ils m'en ont autorisé l'utilisation dans le cadre de leur présence au salon du livre.

Ce document est également un panorama de la littérature de notre région... des "attentes" suscitées par un salon du livre... même si quelques auteurs viennent de plus loin... Mais un lien avec notre Sud-Ouest ne me surprendrait pas !

Ils vous sont présentés suivant leur département de "résidence habituelle". La Belgique n'étant pas un département français mais un pays d'où descendront deux auteurs !

Stéphane Ternoise

Organisateur également auteur ! (les "fournisseurs de la matière première" me semblent le mieux placés pour gérer ce genre d'événement, bien plus que les libraires, bibliothécaires ou salariés des « organismes officiels » dont la vision de notre métier est tellement faussée par la communication des installés et leurs propres problématiques ; je vous encourage toutes et tous à oser...)

Lotoises, Lotois...

Frédérique Guérin

- Votre catalogue est composé de combien de livres, dans quels genres ? Deux romans.

- Depuis quand écrivez-vous ? L'Ecole.

- Depuis quand publiez-vous ? 2002.

- Quel livre présenterez-vous en priorité ? *Balian*.

- Vos auteurs favoris en prose ? St Exupéry.

- Vos poètes préférés ? Novalys.

- État d'esprit actuel ? Préoccupé.

- Fautes qui vous inspirent le plus d'indulgence ? Les fautes non égoïstes.

- A combien de salons du livre participez-vous en moyenne chaque année ? 0.

- Est-ce votre principal lieu de vente ? Non.

- Que recherchez-vous dans un salon du livre ? Rencontrer.

- Montcuq en Quercy Blanc est née le 1er janvier 2016, fusion de Lebreil, Ste Croix, Belmontet, Valprionde et Montcuq. Si l'on vous avait demandé votre avis sur le nom, qu'auriez-vous suggéré ? Rien.

- Avez-vous déjà mis un pied dans une "commune nouvelle 2015" ? Non.

- Etes-vous déjà venu à Lebreil, Ste Croix, Belmontet, Valprionde ou Montcuq ? Oui.

- Première réaction à la vidéo "Montcuq en Quercy Blanc La commune nouvelle Le salon du livre" ? (elle est sur youtube, accès direct https://www.youtube.com/watch?v=OeVE-MM89ik) Instructif.

- Et "la question oubliée", celle à laquelle vous auriez aimé répondre... Question et réponse !

Que souhaitez-vous à notre magnifique planète bleue habitée par des êtres si respectueux des valeurs humaines et si attentifs à la survie de la Nature ? Longévité.

Jean-José Boutaric

- Vingt mots pour retenir l'attention :
Mon p'tit magasin, c'est comme les quincailleries d'avant les grandes surfaces : on y trouve de tout... un peu.

- Catalogue : Huit livres : roman, biographie romancée, roman historique/fiction, contes et nouvelles, histoire des sciences et de la médecine.

- Début de l'écriture : Vers huit ans.

- Premières publications : 1978

- livres présentés en priorité (pardonnez-moi d'en mentionner deux) :
Ornella ou l'Enfance retrouvée (dont une partie se passe à Montauban ; 3e prix 2016 de Figeac) et *L'Histoire en SAMUsant* (ou comment le Samu aurait pu sauver 14 personnages célèbres morts brutalement : Sissi, Henri IV etc.)

- Auteurs favoris en prose :
Rabelais, Montaigne, Voltaire, Daudet, Colette, etc.

- Poètes préférés :
Villon, Baudelaire, Chénier, Lamartine, Prévert, Brassens etc.

- Etat d'esprit actuel :
Discipliné mais farouchement indépendant.

- Fautes qui inspirent le plus d'indulgence :
Errare humanum est, perseverare diabolicum.

- Nombre annuel de salons : Entre six et dix.

- Est-ce votre principal lieu de vente :
Non. C'est l'éditeur qui s'en occupe.

- Que recherchez-vous dans un salon du livre :
Se faire connaître et nouer des contacts sympathiques.

- Avis sur le nom des communes fusionnées : Garder Montcuq (ou « Montcuq en Quercy Blanc » ; mais c'est un peu long).

- Avez-vous mis le pied dans une commune nouvelle ?
C'est possible car je traverse souvent la France de part en part, mais je n'en sais rien !

- Déjà venu à Montcuq ?
Bien sûr.

- Vidéo : Très bien faite.
- Question oubliée : avez-vous d'autres occupations que l'écriture ?
Réponse : oui. Médecine, Histoire, Musique, conférences et tout ce qui me semble intéressant –. Ce qui fait beaucoup d'occupations…

Irène Piquet

Nous nous étions déjà croisés... En "voisins"... Qui plus est son mail a correspondu au dernier désistement... Néo-auteure locale ayant adhéré à l'association (si le conseil d'administration ne bloque pas sa demande, procédé qui signifierait clairement une volonté de "terre brûlée"... Quatrième demande « en attente »...) quelque minutes avant le clip de fin de ce document...

- Vingt mots : Le contenu de ce livre est une approche sur les fleurs de Dr Bach, un support de méditation, un outil de création
- Votre catalogue ? UN
- Depuis quand écrivez-vous ? janvier 2016
- Depuis quand publiez-vous ? juin 2016
- Auteurs favoris en prose ? Emile Zola, Stendhal, Paolo Coelho
- Vos poètes préférés ? Aragon
- État d'esprit actuel ? Zen
- Fautes qui vous inspirent le plus d'indulgence ? La gourmandise
- À combien de salons du livre... ? C'est le premier
- Est-ce votre principal lieu de vente ? non
- Que recherchez-vous dans un salon du livre ? Permettre au public de découvrir le livre
- Montcuq en Quercy Blanc autre nom ?
- Avez-vous déjà mis un pied dans une "CN 2015" ? oui
- Déjà venue ? J'y habite

18

Claude Janvier

- Vous avez vingt mots pour retenir l'attention... : Quand on me demande mon cursus universitaire, je réponds Bac moins 2. Ensuite, ça « plusse ou ça moinsse », c'est selon…

- Votre catalogue est composé de combien de livres, dans quels genres ?
Deux livres qui sont des compilations de mes coups de gueule. (documentés, quand même…)

- Depuis quand écrivez-vous ?
10 ans d'écriture, que des billets d'humeur. Il faut bien que quelqu'un s'y colle.

- Depuis quand publiez-vous ? Deux ans

- Quel livre présenterez-vous en priorité ?
Un coup de gueule vaut mieux que faire la gueule
Coup de gueule d'un jour, coup de gueule toujours

- Vos auteurs favoris en prose ? Tolkien, Zelazny, Amélie Nothomb, Arnaldur Indriason et d'autres

- Vos poètes préférés ? Aucun

- État d'esprit actuel ? L'humour toujours

- Fautes qui vous inspirent le plus d'indulgence ?
Les miennes bien entendu
- A combien de salons du livre participez-vous en moyenne chaque année ? 4 à 6

- Est-ce votre principal lieu de vente ? Oui

- Que recherchez-vous dans un salon du livre ?
Le contact et découvrir des auteurs

- Montcuq en Quercy Blanc est née le 1er janvier 2016... non ?
Fusion en Quercy Blanc

- Un pied dans une "commune nouvelle 2015" ? Non

- Etes-vous déjà venu à Lebreil, Ste Croix, Belmontet, Valprionde ou Montcuq ? Non

- Première réaction à la vidéo "Montcuq en Quercy Blanc La commune nouvelle Le salon du livre" ? Sympa

- "La question oubliée ? Comment ça va ? Mal merci.

Lionel

10 avril 2016 à Figeac
© Stéphane Ternoise

- Vingt mots... : Je glisse souvent le personnage "Anicet" que je dessine dans des tableaux célèbres. Pendant que celui-ci me souffle les mots qui accompagne nt les dessins, j'emprunte ainsi un peu du talent de mes confrères.

- Votre catalogue ? Auteur/illustrateur je présente 6 albums

- Depuis quand écrivez-vous ?
Depuis toujours, mais sans un réel suivi

- Depuis quand publiez-vous ? Depuis 2008

- Quel livre présenterez-vous en priorité ?
Toujours le dernier parut, (sourire)

- Vos auteurs favoris en prose ?
Ils sont nombreux... en ce moment j'ai sur ma table de chevet
L'usage du monde de Nicolas Bouvier.

- Vos poètes préférés ?
Toujours une tendresse particulière pour Prévert

- État d'esprit actuel ?
Un bon esprit, mais assez proche de la révolte

- Fautes qui vous inspirent le plus d'indulgence ?
Ceux qui copient sur les autres, je trouve cela tristement banale ...
- A combien de salons du livre participez-vous en moyenne
chaque année ? Entre 25 et 30 salons

- Est-ce votre principal lieu de vente ? oui

- Que recherchez-vous dans un salon du livre ?
Le contact avec le public

- Montcuq en QB... nom ? Pas vraiment d'idée sur la question

- Un pied dans une "commune nouvelle 2015" ?
Je ne sais pas, je ne suis pas ce genre d'information

- Déjà venu ? non

- Première réaction à la vidéo ? Je n'ai pas regardé

- Question oubliée... Combien de Lecteurs, pensez vous viendront
au salon ? Naturellement, quelques centaines....

Francis Cance

- Beaucoup disent " La terre notre mère" et si nous disions " La terre notre enfant"?

- Cinq livres publiés et bien d'autres manuscrits non publiés. Essais et poésies

- J'écris depuis trente cinq ans

- *"Etre humain une divine aventure"* et sa suite *"Le firmament pour miroir"* deux essais.

- Georges Sand, Eri de Luca, Haruki Murakami, Crhistia Sylf, Amin Maalouf... Et bien d'autres

- Baudelaire, René Char, Robert Desnos, Apollinaire...

- Inquiet et optimiste

- Une faute reconnue, n'est qu'une faute et interpelle mon indulgence.

- J'ai participé à peu de salons du livre, j'en ai visité souvent

- Non, ce sont les éditeurs qui se chargent des ventes. Je vends quelques ouvrages au cours de mes conférences et ateliers.

- Rencontrer d'autres auteurs et échanger avec de possibles lecteurs.

- Peut être "Villages du Quercy Blanc"

- Oui c'est mon environnement.

- Oui, j'aime beaucoup ces villages

- De l'humour et du terroir, j'aime bien la chanson.

- Pourquoi vivre ici ? Parce que ce sont les paysages où mon enfance a rencontré la vie et qu'ils éclairent la toile de mon âme.

Graziella Capraro

- Vingt mots : Certaines personnes par snobisme ou parisianisme mangent les fins de phrase ! Cela fait classe ! Sans la lettre finale le nom et le village ont perdu leur petit goût d'exotisme.
Il permet de garder ce côté "terroir" au combien précieux, pour nous tous qui défendons certaines valeurs.

- Votre catalogue ? J'ai publié 12 livres à ce jour : des livres de photos, des contes, des poèmes sous forme d'acrostiche, pédagogique (l'envol)...

- Depuis quand écrivez-vous ? J'ai commencé à écrire à l'adolescence pour mon plaisir, j'ai publié certains textes que des années plus tard.

- Depuis quand publiez-vous ? Depuis une douzaine d'année

- Quel livre présenterez-vous en priorité ? *Le voyage de petit loup*

- Vos auteurs favoris en prose ? Henning Mankell, Jules Verne, Dino Buzzati; Andrea Camilleri,

- Vos poètes préférés ? Baudelaire, Lamartine, Paul Eluard, etc

- État d'esprit actuel ? La sérénité

- Fautes qui vous inspirent le plus d'indulgence ?

- combien de salons du livre ? Entre 12 et 15 salons par an

- Est-ce votre principal lieu de vente ? Mes livres sont aussi déposés dans des lieux comme parc, office de tourisme, librairies

- Qu'y recherchez-vous ? La convivialité... Le partage

- Montcuq en Quercy Blanc autre nom ? Le nom complet permet de le situer géographiquement. Si la parole MONTCUQ est connu en France, grâce à un jeu radiophonique, peu de personne savent le situer sur une carte. C'est généreux de faire un peu de pédagogie

- Un pied dans une CN2015 ? Pas pour le moment, mais cet oubli sera réparé au prochain salon.

- Etes-vous déjà venue ? J' ai exposé mes photos plusieurs années à la salle associative

- La vidéo ? Pas mal la vidéo. Il manquerait quelques photos du village et de ses alentours. Une référence à Nino Ferrer.

Gérard Martin

Editions L'Etoile des limites

Vingt mots : L'Etoile des limites : une maison où découvrir quelques empreintes tracées sur les plus hauts sentiers des territoires de l'écriture.

- Catalogue : 14 livres. Poésie et prose poétique.

- Depuis quand écrivez-vous ? Je n'écris pas, je suis éditeur.

- Depuis quand publiez-vous ? 1985

- Livre présenté en priorité ? *Géographiques* d'Alain Eludut

- Auteurs favoris en prose : Chateaubriand, Proust, Thomas Bernhardt, Julien Gracq

- Poètes ? Arthur Rimbaud, Gustave Roud, Yves Bonnefoy

- État d'esprit actuel ?

- Fautes... le plus d'indulgence ? Les fautes avouées

- Nombre de salons du livre par an ? 3 ou 4

- Est-ce votre principal lieu de vente ? Non

- Que recherchez-vous dans un salon du livre ?
Faire connaître la maison d'édition ; rencontrer des lecteurs

- Montcuq-en-Quercy-Blanc le nom ?
Je n'aurais pas trouvé mieux que le nom qui a été choisi

- Un pied ? Peut-être, sans le savoir.

- Déjà venu ? Non.

Également du Lot : Patrick Verdure, Brigitte Couderc Jouzeau, Christian Mazet.

Tarn-et-Garonne

Valérie Rinaldo

Vingt mots :

Sa main caresse un instant
La courbe d'une vague échouée
Au rivage de tes hanches
Vague de haute mer

Palimpseste

- Catalogue : Le recueil de poésie que je présente cet été est le premier que j'ai choisi d'éditer à compte d'auteur parmi de nombreux autres recueils que je n'ai eu l'audace de faire lire qu'à mes proches.

- Depuis quand écrivez-vous ? J'écris depuis une vingtaine d'années. Mes deux premiers livres étaient des romans : le premier sur un thème mythologique et le second était un roman épistolaire. Tous les livres qui ont suivi sont des recueils de poésie, un long cheminement de plus en plus intériorisé à travers mes thèmes de prédilection : l'amour, le temps qui passe, la mémoire des ancêtres, l'Histoire des peuples d'Afrique et des Antilles, la mort, la musique.

- Depuis quand publiez-vous ?
Mon premier livre intitulé **Palimpseste** est sorti cette année en mars 2016, à l'occasion du Printemps des poètes.

- Quel livre présenterez-vous en priorité ?
Ce recueil de poèmes **Palimpseste** occupe une place privilégiée dans l'ensemble de mes livres. C'est celui que je voulais délivrer aux lecteurs, le seul que j'ai décidé d'imprimer, un message humaniste qui me paraissait de la plus grande importance.

Plus que tout autre, il est irrigué de mon sang, porte les traces de mes errances identitaires. Je m'y dévoile au-delà de ce que l'écriture semble révéler. Il est une véritable mise à nu de mon être, sans fard, sans détour. Telles les différentes strates d'un « palimpseste », chaque page raconte un peu de mon histoire et je l'espère un peu de l'histoire de l'Humanité.

D'ailleurs, il s'agit précisément du sens que je donne au mot « Palimpseste » dans le livre : j'ai toujours eu le sentiment de porter la voix de mes ancêtres en moi tout en mettant un voile sur leurs visages.

D'origine haïtienne, née dans le sud-ouest de la France où j'ai grandi, je redécouvre dans cette odyssée poétique, la mémoire de mes ancêtres haïtiens, la mémoire des esclaves arrachés à leur terre d'Afrique et entraînés à bord des négriers vers les Caraïbes.

Toutefois, au-delà de mon histoire personnelle, ma voix chante avant tout la beauté de la vie qui passe de génération en génération, déferlante infinie ensemencée des valeurs universelles que nos ancêtres nous ont transmises : l'inattendu de l'amour et la beauté de l'enfantement, la force et le mystère de la nature, le respect que l'on doit avoir pour nos défunts, les luttes qu'ils ont menées pour leur liberté et que l'on doit poursuivre pour préserver la nôtre...

- Vos auteurs favoris en prose ? J'aime profondément **Sylvie Germain** (*Jours de colère*, *Le Livre des nuits* et *Magnus* tout particulièrement), **Giono** (*Le Chant du monde* est absolument extraordinaire, mais peut-être Giono est-il poète avant d'être romancier?...) les récits de vie de **Chamoiseau** (Le volume III d'*Une enfance créole*, désopilant), **Georges Semprun, Driss Chraïbi, Laurent Gaudé**...

Dans un tout autre siècle, la poésie de **Shakespeare** et la prose de **Rabelais** qui me semblent presque complémentaires et qui me paraissent essentielles pour la santé de l'âme et du corps...

Il m'arrive aussi de me plonger frénétiquement dans les livres d'**Histoire de l'Art**, **les monographies** mais c'est par périodes comme une maladie chronique qui me prend de temps à autre…

- Poètes ? Il est très difficile de choisir tant la poésie nourrit mon quotidien mais puisqu'il faut citer quelques auteurs. Je relis très souvent les textes de **Saint-John Perse** et de **Césaire**. J'y trouve un souffle épique absolument incomparable. Et la sensualité mystique des poèmes de Senghor me séduit également. Je lis beaucoup de poésie contemporaine, des revues éditées par *Voix d'encre, Multiples, Réciproque, L'Arrière-pays, Rougerie, N&B*...

L'un des jeunes poètes qui m'a le plus marquée récemment se nomme **Vincent Calvet**. Son écriture est admirable. Et dernièrement, j'ai eu un coup de cœur pour un poète bruxellois, **Jacques Vandenschrick**, qui a écrit un recueil intitulé *En qui n'oublie.*

J'ai aussi de nombreux livres édités chez *Présence africaine :* **Guy Tirolien, Birago Diop, Elolongué Epanya Yondo** par exemple que je relis souvent.

J'aime bien également **Maximin** autour du thème de la créolité.

Je reste aussi fidèle à mes « anciennes amours », **Aragon** (le recueil *Elsa* notamment) qui a bercé mes années d'études au Mirail et les **poètes surréalistes**...

Je terminerai par les poètes haïtiens, comme un retour aux sources. L'écriture de **René Depestre** me touche profondément. Au-delà de ce grand auteur, il me plaît aussi de flâner dans des anthologies de poésie haïtienne. La dernière que j'ai lue réunit des textes magnifiques et l'écriture qui a le plus retenu mon attention est celle de **Louis-Philippe Dalembert** dans *Anthologie de poésie haïtienne contemporaine*, présentée par James Noël.

- État d'esprit actuel ?

Je découvre le métier d'écrivain pas à pas - je veux dire la rencontre avec les lecteurs - et c'est un vrai bonheur. Lors des mises en voix du recueil *Palimpseste* par **François-Henri Soulié** au printemps, j'ai eu la chance de partager cette expérience d'écoute de la poésie en étant au cœur du public. C'étaient des moments très forts qui m'ont littéralement bouleversée.

Lorsqu' à mon tour, au moment de la commémoration de l'abolition de l'esclavage, le 10 mai dernier, ma voix a délivré le texte aux auditeurs, nous avons vécu un beau moment de partage. Le débat qui s'en est suivi a été passionnant.

Ainsi, j'ai hâte de renouveler ces expériences autour de *Palimpseste* mais aussi autour de mon prochain livre : il s'agit d'un recueil de poèmes qui rend hommage à **Camille Claudel**. Il devrait sortir à la fin de l'année 2016.

Et je travaille aussi en ce moment sur un autre projet : un recueil de poèmes qui sera illustré par **Alain Alquier**, un peintre gersois qui expose actuellement ces « bois de vie » au musée Abbal de

Carbonne. C'est un artiste mystérieux qui met en lumière les flux de vie qui traversent nos corps et nos âmes, sève qui nourrit une nature charnelle. Ses œuvres nous remuent, nous dévoilent à nous-mêmes... Je suis très enthousiaste à l'idée de partager un peu ma route avec lui.

A l'heure d'aujourd'hui, le livre s'intitule *Les Frontières de silence*. C'est un chant d'amour, où le couple est un paysage ondoyant, une lande dont j'esquisse les frontières, des limites que je questionne, qui se dérobent pour mieux ressurgir à travers les images poétiques, à travers les silences...

- Fautes qui vous inspirent le plus d'indulgence ?

La gourmandise. Je suis une bonne vivante, partageant avec mon deuxième fils le goût de la pâtisserie. Il ne se passe pas un dimanche sans que l'on teste l'une de ses recettes. Il n'a que huit ans mais c'est déjà un passionné de cuisine!

Et bien sûr, le goût pour les bons vins, mais il me semble que c'est inséparable des plaisirs de la table...

- A combien de salons du livre participez-vous en moyenne chaque année ?

Le Salon du livre que nous préparons pour le 14 août sera mon tout premier.

- Est-ce votre principal lieu de vente ?

Je vends principalement lors de soirées-débats où le livre est déclamé et suscite des questions du public. Naturellement, le recueil est ensuite dédicacé.

Selon moi, la poésie doit être populaire, dans le sens noble du terme ; elle doit être chantée sur la place publique et chacun, de toutes origines sociales, doit pouvoir se l'approprier.

La poésie, c'est le chant de la vie, elle est ce miroir fascinant que l'on promène le long des chemins comme disait Stendhal à propos du roman, épousant la marche heurtée du temps qui passe, renvoyant la sombre lumière des visages, la musique irisée de nos douleurs et de nos joies...

- Que recherchez-vous dans un salon du livre ?

J'espère rencontrer des lecteurs de tous horizons. Pour l'instant, ce sont les personnes qui font partie de mon réseau ou de celui de **Jean Palomba**, (l'artiste sérigraphe qui a illustré le livre), qui sont venues à ma rencontre.

Echanger avec des inconnus autour du livre m'intéresse pour la part d'imprévu que cela comporte. C'est très excitant!...

- Montcuq en Quercy Blanc... le nom ?

Sincèrement, je n'en ai aucune idée. Sans doute en découvrant les paysages de Montcuq, l'inspiration naîtra plus facilement... Nous en reparlons...

- Un pied en « Commune Nouvelle 2015 » ... ? Je ne pense pas.

- Déjà venue ? Il me semble que je n'y suis jamais venue.

- Première réaction à la vidéo ?

Une vidéo qui fait aimer la France et ses petits villages où se perdre, où se trouver, des endroits où l'on prend encore le temps de vivre, et Dieu sait qu'ils sont rares... un retour aux sources de la poésie...

J'aime bien la musique choisie ; ça m'a rappelé *Les Vieilles pies*, un groupe rencontré à Montauban dans le cadre du festival *Alors chante* il y a deux ans. Une musique festive qui rassemble. J'adore !

L'âne bicéphale, une curiosité locale ?

Un bémol tout de même...

N'ayant pas de GPS, la passerelle qui conduit tout droit dans un étang m'a un peu angoissée...

- Question oubliée...

Une réaction de lecteurs ou un article de journal qui présente bien votre ouvrage ?

Je citerais les propos de Joël Roy « Un témoin en Guyane » parus dans son blog récemment :

Une poésie à lire, pour se laisser capturer par les mots, les phrases et les métaphores de Valérie Rinaldo, Négresse de sang haïtien.

Une poésie à déclamer, pour s'approprier la rage qui te tient, la rage de continuer à vire, malgré tout, pour s'approprier la colère impérieuse et la violence subie pour la retourner contre son auteur, à moins que cela soit contre toi-même, Négresse de sang profané ?

Une poésie à écouter, pour abandonner à l'énonciateur la douleur qui est tienne, Négresse de sang pareil au mien, et lui laisser porter à son tour le poids de tous les crimes...

Désolé Valérie, mais je me dois de couper l'article de l'*Adda 82* et celui de *La Dépêche du Midi* !

Roger Cavalié

- Vingt mots : Quelle était la vie des enfants de nos campagnes du Sud-Ouest dans les années 50 ? Réponse dans mes deux romans !

- Votre catalogue : Deux romans du terroir édités par *Éditions De Borée* : *Le Vieux Cartable* (septembre 2013), prix du roman au salon de Mazamet (remis par Nelson Monfort), et 1er prix de la Ville de Figeac (catégorie romans), remis par Madame la sous-préfète. *Julien l'insoumis* (octobre 2015).

- Depuis quand écrivez-vous ? J'ai commencé à rédiger mon premier roman, *Le Vieux Cartable*, en 2010, à 72 ans (donc après mûre réflexion).

- Depuis quand publiez-vous ? Mon premier roman, a été publié par les *Éditions De Borée* le 06 septembre 2013.

- Quel livre présenterez-vous en priorité ? *Julien l'insoumis* est la suite du roman *Le Vieux Cartable*. À celles et ceux qui n'ont lu aucun des deux romans, je proposerai *Le Vieux Cartable* et à celles et ceux qui l'ont déjà lu, je conseillerai *Julien l'insoumis*.

- Auteurs favoris en prose ? Emily Brontë et Alain Fournier puis Victor Hugo, Alexandre Dumas, Hemingway, Zola, Balzac…

- Poètes préférés ? Victor Hugo, Alfred de Vigny, Lamartine, Baudelaire, Prévert…

- État d'esprit actuel ? Je suis serein, d'un optimisme réfléchi émanant d'une perception sans concession des turpitudes de notre monde si malmené.

- Fautes qui vous inspirent le plus d'indulgence ?
Je suis aussi indulgent envers celles et ceux qui commettent involontairement des fautes (sens moral) que je suis impitoyable vis-à-vis de celles et de ceux qui les perpètrent intentionnellement.

Quant aux fautes orthographiques ou grammaticales commises dans l'écriture d'un texte, après quarante ans passés dans l'éducation nationale, j'ai appris que nul n'y échappe, y compris les plus féru(e)s en langue française qui, par excès de confiance, pensent – en toute bonne foi – écrire correctement…

- Combien de salons du livre chaque année ?
En 2015, j'ai participé à 24 salons du livre dans lesquels j'ai dédicacé 443 romans (de 0 à Mallemort à 73 à Brive).

- Est-ce votre principal lieu de vente ?
Les principaux lieux de vente de mes romans (qui sont diffusés sur tout le territoire national) sont les librairies, les « Cultura », les Espaces Culturels Leclerc, la FNAC, les rayons livres des hypermarchés, les Maisons de la Presse, le Club « Le Grand Livre du mois (vente par correspondance)… ainsi qu'internet (Amazon, Decitre …+ e-book).

Les salons du livre, auxquels je participe, le plus souvent par le canal d'un libraire, ont vocation à faire connaître mes romans, à les présenter, et, accessoirement, à en écouler quelques exemplaires.

- Que recherchez-vous dans un salon du livre ?

Dans un salon du livre, je recherche (et je trouve) deux sources de plaisir intense qui ne se tarissent jamais :

1)	La rencontre gratifiante avec d'autres auteurs dans un esprit de convivialité et de connivence ;

2)	Le dialogue très enrichissant avec les lectrices et lecteurs potentiels locaux.

- Montcuq en Quercy Blanc le nom ?

Après m'être torturé les méninges, j'aurais peut-être proposé « Montcuq-la-Nouvelle », sans grande conviction, le nom « Montcuq en Quercy Blanc » ayant une tout autre allure !

- Un pied... ? Non, c'est la première fois que je me rends dans une « commune nouvelle 2015 ».

- Déjà venu ? J'ai séjourné aux quatre coins du monde mais je n'ai encore jamais eu le plaisir de me rendre dans l'un des villages de la commune nouvelle Montcuq en Quercy Blanc. Je vous remercie de me permettre de combler cette lacune.

- La vidéo ? J'ai moi-même choisi de finir ma vie dans cette région, c'est dire si je suis réceptif aux paroles qui chantent nos départements et aux images qui en illustrent leur identité.

- Question libre :

- Dans quel but écrivez-vous ?

- J'écris pour mon plaisir et pour celui de mes lectrices et lecteurs avec lesquel(le)s je souhaite partager mes émotions, mes pérégrinations imaginaires, et des épisodes de ma vie qu'elles (ils) s'approprient, qu'elles (ils) modulent en fonction de leurs expériences personnelles jusqu'à écrire un nouveau roman (qui sera le leur) à mesure qu'elles (ils) tournent les pages du mien.

L'indépendance financière que me confère mon statut de retraité de l'éducation nationale m'autorise le luxe d'écrire à mon rythme, quand j'en ai envie, sans souci de « retour sur investissement » comme disent prosaïquement les économistes, financiers et spéculateurs de tout poil.

Rémi Ros

Avec Robert Alazard
Maire de Montaigu-de-Quercy
5 juin 2016
© Stéphane Ternoise

1) Quand le mystère côtoie l'insolite
On se dit que le chemin mérite visite
Le guide devient un rite,
Une porte d'entrée pour apprécier les sites

2) 1 livre terminé, 1 deuxième à l'automne

3) 5 ans

4) un an et demi

5) Guide Détec-Tive: "*Le Tarn et Garonne Autrement*"

6) Difficile, j'aime varier les plaisirs: les deux derniers livres que j'ai appréciés: *Ce Pays qui te ressemble* de Tobie Nathan et *Nous attendons de vos nouvelles* de Michèle Goldstein Narvaez.

7) Je suis inculte en poésie

8) Oscillation entre enthousiasme et mille interrogations

9) Toutes avec une sympathie particulière pour les dysorthographiques et autres dyslexiques

10) environ 5 - 6

11) Non, mon livre est en librairie

12) Rencontre avec un public, partage avec les auteurs - ambiance détendue et conviviale et quand la conjoncture est bonne, que les planètes sont toutes alignées: quelques ventes.

13) Trop éloigné des réalités conjoncturelles, du contexte historique, des habitudes des autochtones, je ne saurais proposer un nom

14) ?

15) Oui à Montcuq

16) Je ne l'ai pas visionnée

17) Ecrire, pourquoi ? Lire, pourquoi ?

Thomas Touzel

- Science-fiction, passionnant, lecture, jeunesse, aventure, amitié

- Catalogue : 2 pour l'instant dans le genre science-fiction

- Depuis ? Depuis l'âge de 12 ans cela fait donc bientôt 9 ans !!

- Depuis quand publiez-vous ? depuis mai 2015

- Livre à la une ? le tome 1 de ma saga de science-fiction ODA

- Auteurs favoris ? Lovecraft, Brussolo, Horovitz, Colfer, Delaney

- Vos poètes préférés ? Hugo, Prévert, Verlaine

- État d'esprit actuel ?
Je suis étudiant et les vacances approchent !! hyper bien !!

- Fautes qui vous inspirent le plus d'indulgence ? : ???

- A combien de salons du livre participez-vous en moyenne chaque année ? Une quinzaine

- Est-ce votre principal lieu de vente ? Oui

- Que recherchez-vous dans un salon du livre ?
La rencontre avec le public et les auteurs, passer un bon moment de partage !

- Montcuq en Quercy Blanc, le nom ? C'est très bien comme çà

- Un pied ? non je ne pense pas

- Etes-vous déjà venu à Lebreil, Ste Croix... ? Non

- Vidéo ? Vidéo bien faite qui donne un aperçu du coin !

- Question offerte : Rien en particulier

Marilène Meckler

Avec les élus
Montaigu-de-Quercy
5 juin 2016
© Stéphane Ternoise

[Un salon du livre, c'est également la présentation des écrivains aux officiels. Inviter les élus, ce n'est pas « *leur servir la soupe* » comme certains le prétendent mais organiser correctement un événement littéraire sur un territoire donné. De la même manière, leur présence ne signifie nullement une bénédiction aux propos du délégué à l'organisation durant ces deux dernières décennies, pas même un soutien à ses livres ! Il existe des « bonnes pratiques républicaines » et la culture peut permettre à des personnes de sensibilités différentes de se côtoyer, se parler.
Certains "militants" semblent vivre dans "le conflit permanent"... Tant pis pour eux ! L'important, c'est de « faire les choses... »
Ici à Montaigu de Quercy, le 5 juin : Mathieu Albugues et Colette Jalaise, conseillers départementaux, Robert Alazard, maire de Montaigu-de-Quercy, Claude Véril, président de la Communauté de Communes Pays de Serres en Quercy.
À Montcuq-en-Quercy, j'espère également pouvoir honorer cette tradition, dans la bonne humeur... avec une "délégation plus nombreuse" !
Désolé Marilène pour cette intrusion dans votre présentation !]

- Combien de livres ? Neuf recueils de poésie classique et libérée ont été publiés ; le dixième paraîtra à la fin de l'année.

- Depuis quand ? J'écris depuis une vingtaine d'années.

- Depuis quand publiez-vous ?
Je publie des recueils depuis une dizaine d'années.

- Quel livre présenterez-vous en priorité ? De préférence, je présenterai le recueil de poésie qui a obtenu le grand prix international Max Firmin Leclerc 2015 de la Société des Poètes et Artistes de France : « *Ces lumineux voiliers de l'âme* »

- Quels sont vos auteurs favoris en prose ? Marcel Proust, Scott Fitzgerald, Patrick Grainville, Yann Queffelec….

- Poètes ? Anna de Noailles, Charles Baudelaire, Arthur Rimbaud, Pablo Neruda, Frederico Garcia LLorca, Joë Bousquet…

- État d'esprit actuel ? L'envie d'écrire sur la liberté !

- Quelles sont les fautes qui vous inspirent le plus d'indulgence ?
En poésie classique, la confusion entre la diérèse et la synérèse, dans la vie, la maladresse.

- Combien de salons ? Je participe à 5 salons du livre par an.

- Est-ce votre principal lieu de vente ? Je vends également des recueils lors de journées dédicaces dans des espaces culturels.

- Que recherchez-vous dans un salon ? Comme mes collègues, je recherche la rencontre avec des amoureux de la lecture, avec les autres auteurs et j'espère faire connaître ma poésie.

- Avis sur le nom de la commune ? Montcuq en Quercy Blanc.

- Le pied dans une « commune nouvelle » ? Non

- Déjà venue ? Je ne suis venue qu'à Montcuq connu également grâce à Nino Ferrer, « *On dirait le Sud* ».

- Vidéo ? Merci de faire « passer notre route par le sud du Lot » en nous accompagnant par la photo et la chanson.

- Question libre : Quel est votre prochain voyage ?
Celui de la plume dans mon imagination !

Également : Jean Coladon, Patrice Gaul.

Lot-et-Garonne

Yvonne

Robert

- 20 mots : Aux dames bien nées la vieillesse se joue des années, les prouesses peinent à faner....

- Catalogue ? 2 romans

- Depuis... ? Je me suis souvent amusée à écrire des petites histoires et des poèmes plutôt humoristiques. M'a pris l'envie d'écrire des romans il y a environ 6 ans.

- Depuis... ? Depuis qu'un éditeur a bien voulu m'éditer en 2015.

- Quel livre présenter en priorité ? Mon premier – *La liseuse*

- Auteurs favoris : J'ai quelques auteurs que j'aime bien (Stefan Zweig – Philippe Besson – Paul Auster - John Irving... et plein d'autres encore mais ils ne me viennent pas à l'esprit) J'ai plutôt des coups de cœur pour certaines histoires, la première qui a marqué ma jeunesse (*Le Grand Maulnes* d'Alain Fournier)

- Poètes préférés : La poésie n'est pas ma tasse de thé...

- Etat d'esprit actuel ? Difficile à décrire car très instable

- Fautes qui m'inspirent le plus d'indulgence ? Fautes de goût

- Combien de salon du livre chaque année ? Une dizaine

- Principal lieu de vente ? Pratiquement

- Je recherche quoi dans un salon du livre ? A voir et me faire voir

- Notre nom ? Je n'ai pas d'idée du nom à proposer sur la fusion. J'aurais éventuellement essayé de fusionner les 5 communes pour ne pas faire de jaloux du style – Belcroix/Le Montval – mais, du coup, Montcuq ne se la pétait plus...

- Venue / Vidéo : Je ne connais aucune de ces communes. Votre vidéo m'a permis de faire connaissance.

Hélène Estradère

Vous passez et moi aussi. Alors rencontrons-nous, le temps de quelques mots ?

A vous montrer : 5 livres : romans, nouvelles, littérature jeunesse.
Depuis quand j'écris ? En fait, depuis que je tiens un crayon dans les mains...
Première publication il y a une vingtaine d'années. Une sélection en poésie il y a trente ans, par un jury présidé par René de Obaldia.
Pas de priorité entre mes livres, chacun a son parcours, son temps et son lieu.
Auteurs favoris : W. Jankélévitch, Khalil Gibran, F. Jullien, C.G. Jung, N. Bonnal.
Poètes préférés : Lord Byron, Roberto Juarroz, Guillevic, Adonis, Rimbaud.
Etat d'esprit actuel : humour et exigence ;

Fautes non coupables : toutes. Nous sommes tous des « fauteurs » en puissance, à « dé-faut » de l'être en actes.

Nombre de salons du livre par an : aucune règle. Selon l'inspiration.

J'y vends peu, mais avec sincérité.

J'y recherche l'inconnu(e) avec qui partager un instant de mes parcours. Ou des siens.

« Commune nouvelle » ? Un concept qui pour l'instant me parle peu.

Une question oubliée ? Par exemple : Quelle direction prenez-vous ?

Je répondrai : la verticale. Les termes « haut » et « bas » ne présentent pas d'intérêt.

Jean-François Dion

Montaigu-de-Quercy
5 juin 2016
© Stéphane Ternoise

- De quelque façon qu'on contemple nos amours, nos émois et nos désirs passent par le filtre exquis de nos sens

- Catalogue : Trois, des romans... qui parlent des femmes, de l'amour, de voyages, et de ceux qui les aiment

- Depuis quand écrivez-vous ? Des romans depuis une dizaine d'années, des scénarios depuis 45 ans

- Depuis quand publiez-vous ? Depuis cinq ans

- Quel livre présenterez-vous en priorité ? *"des photos"*

- Vos poètes préférés ? René Char - Victor Hugo

- État d'esprit ? Serein et bouillonnant - curieux et solitaire

- Fautes qui vous inspirent le plus d'indulgence ?
Pas *le plus*, une totale : celles qu'une belle attirance a suscitées

- Combien de salons du livre ? Une demi-douzaine

- Principal lieu de vente ? Principal non - important oui

- Que recherchez-vous dans un salon du livre ?
Des contacts, des échanges... et des ventes

- Montcuq en Quercy Blanc autre nom ? Celui-ci me semble très bien (qui rend malaisé de ne point prononcer le *Q*)

- Un pied dans une "commune nouvelle 2015" ? Oui

- Etes-vous déjà venu ? Oui

- Vidéo ? La musique et les images vont bien ensemble : un peu mélancoliques

- Question libre : Pourquoi écrivez-vous ? pour voyager - Pourquoi lisez-vous ? pour voyager

André Maron

- Votre catalogue est composé de combien de livres, dans quels genres ? Un livre autobiographique.

- Depuis quand écrivez-vous ? Depuis 6 ans.

- Depuis quand publiez-vous ? Depuis 4 ans.

- Quel livre en une ? *Les Sentiers de la Mémoire.*

- Vos auteurs favoris (prose) ? Auteurs classiques et romantiques, mais plus particulièrement St Exupéry et Christian Jacq.

- Vos poètes préférés ? Les poètes ne m'inspirent pas, sauf ceux contenus dans les chansons.

- État d'esprit actuel ? Inquiet.

- Fautes... le plus d'indulgence ? Les fautes d'accords du verbe.

- Combien de salons en moyenne chaque année ? 6 salons.

- Est-ce votre principal lieu de vente ? Salon, dédicaces dans les grandes librairies, espace culturel.

- Que recherchez-vous dans un salon du livre ? L'ambiance, la modestie, la connaissance des autres.

- Montcuq en QB... autre nom ? Le Quercy Blanc me convient.

- Un pied dans une "commune nouvelle 2015" ? Non.

- Etes-vous déjà venu ? Oui mais il y a très longtemps.

Aveyron : Nadine Passim

- Votre catalogue ? 7 romans

- Depuis quand écrivez-vous ? Les livres on été écrit pendant 30 ans et repris en 2014 de sur des feuille a4 écrit a la mains ; l'équipe de nadine passim a repis les texte en 2014 a fait des correction la mise en page et les couverture pour maitre ses livres en vente sur des plateforme d'impression a la demande

- Depuis quand publiez-vous ? Nadine passim a pas trouvé un éditeur et comercialise ses livres Nadine Passim à compte d'auteur

- Quel livre présenterez-vous en priorité ? *Gély du Jaoul.*

- Combien de salons ? 5 en 2015 et je suis inviter a 8 en 2016

- Que recherchez-vous ? Le contac avec d'autre auteur, la présentation a des lecteur

- Etes-vous déjà venu ? oui

Tarn

Daniel Pagés

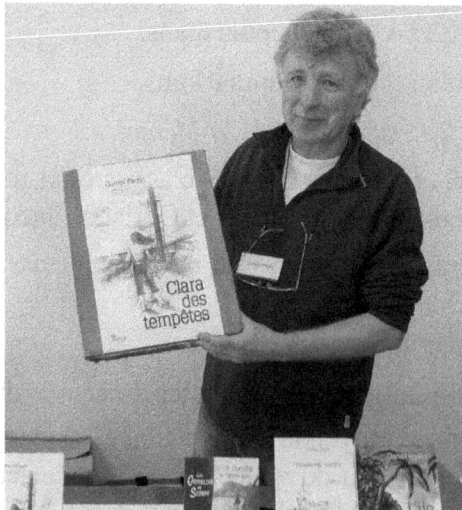

Daniel Pagés, auteur de contes (français et occitan) et de romans d'aventure destinés à la jeunesse, et représente Yucca éditions

- Catalogue : Daniel Pagés : 11, dont trois albums illustrés, un recueil de contes, cinq romans d'aventure jeunesse, un recueil de nouvelles et un roman policier.
Yucca éditions : 3 albums illustrés et 6 romans jeunesse (pour le salon)

- Depuis quand écrivez-vous ? Depuis ma tendre adolescence.

- Publiez-vous ? Premier album illustré publié en 2001

- Livre présenté en priorité ? Mon dernier roman Les Orphelins du Scorff – T2 – Le cimetière de Creepy-Bay paru en avril 2016

- Vos auteurs favoris en prose ? Carlos Ruiz Zafon, Mac Orlan, Jules Verne, Pierre Bottero, … Il y en a tellement !!

- Vos poètes préférés ? Lorca, Alberti, Baudelaire, …

- État d'esprit actuel ? En colère…

- Fautes... le plus d'indulgence ? Celles de l'adolescence…

- Combien de salons du livre en moyenne chaque année ? 30

- Est-ce votre principal lieu de vente ? Non, mais Important

- Qu'y recherchez-vous ? Contacts et rencontres, ventes de livres
- Montcuq en Quercy Blanc nom ? Ça me semble pas mal !

- Un pied dans une autre ? Oui, Theix-Noyalo dans le Morbihan

- Êtes-vous déjà ici ? Non.

- Vidéo ? Sympa mais manque un peu de photos avec des feuilles vertes et du ciel bleu…

Loasis

- 4. Nouvelles (2), Récit, Roman

- "L'ombre des jours"

- 8 ans. 4 à 5 ans

- Proust.

- Eluard

- Sceptique

- De goût

- non

- non

- Vivant...

Également : Christian Pauvert.

Corrèze : Mamita

- Catalogue ? Pas de catalogue, mais 18 livres.

- Depuis quand écrivez-vous ? Depuis 1990

- Depuis quand publiez-vous ? 1998

- Livre en priorité ? La nouveauté jeunesse « *Rêveries d'enfants* »
- Vos auteurs favoris en prose ? ///
- Poètes ? Jean de la Fontaine – Victor Hugo – Arthur Rimbaud – Pierre de Ronsard et tant d'autres…
- État d'esprit actuel ? Ne comprenant pas la question, je ne peux pas y répondre
- Fautes qui vous inspirent le plus d'indulgence ? Celles qui sont amusantes
- Combien de salons du livre chaque annexe ? Entre 30 et 40

- Est-ce votre principal lieu de vente ? A l'heure actuelle : OUI

- Que recherchez-vous dans un salon du livre ? Nouvelles rencontres, se faire connaître un peu plus et vendre !

- Montcuq en Quercy Blanc, suggestion d'autre nom ? Montcuq

- Un pied dans une "commune nouvelle 2015" ? Non

- Etes-vous déjà venue ? Non

- Vidéo ? Un plaisir pour les yeux et les oreilles !

Également : Jakie Durrieu Malet, Magda Pascarel.

Haute-Garonne

Claude Rannou

- Vingt mots : J'écris des romans avec une prédilection pour les contextes historiques. Amener le lecteur dans ma machine à remonter le temps est ma véritable ambition.

- Votre catalogue ? J'ai écrit 7 livres. 5 sont des récits historiques, 1 livre traite du phénomène actuel « camping-car », 1 livre pour enfants de 8 à 14 ans qui vient d'avoir le prix du livre jeunesse 2016 au salon de Mazamet.

- Depuis quand écrivez-vous ? Il n'y a pas une date précise où l'on décide d'écrire. Je dirais donc que j'écris depuis que l'on m'a appris à écrire.

- Depuis quand publiez-vous ? Après de multiples manuscrits sans lendemain, j'ai publié mon premier roman il y a une quinzaine d'années.

- Quel livre présenterez-vous en priorité ? Mon dernier livre, « *Le Dieu Lumière* », est un roman dont l'action se déroule il y a 6000 ans et qui s'interroge sur l'édification de ces grands monuments de pierre (menhirs, dolmens…)

- Vos auteurs favoris ? Emile Zola, Victor Hugo, Balzac…

- Vos poètes préférés ? Lamartine, Chateaubriand, …

- État d'esprit actuel ? J'ai un optimisme à toute épreuve facilité par un fatalisme tranquille.

45

- Fautes qui vous inspirent le plus d'indulgence ? J'ai du mal à admettre les fautes car je considère qu'une langue doit être respectée de par l'histoire qu'elle véhicule.

- Combien de salons du livre ? Une douzaine par année et je préfère les petits salons où la proximité avec les visiteurs n'est pas polluée par des « vedettes » désignées par les médias.

- Est-ce votre principal lieu de vente ? Non, je ne suis pas auto édité et je compte sur mes éditeurs pour vendre quelques livres.

- Qu'y recherchez-vous ? Je vais faire une réponse bateau mais je suis sincère quand je dis que les rencontres avec le public et les autres auteurs constituent le principal intérêt de ces manifestations.

- Montcuq en Quercy Blanc autre nom ? Je suppose que la commune de Montcuq était la plus importante et qu'elle a un peu imposé le choix de ce nom.

- Un pied dans une "commune nouvelle 2015" ? Non.

- Etes-vous déjà venu ? J'y suis déjà passé car je pratique le camping-car et j'aime bien visiter les petites communes.

GillEric Leininger Molinier

- 20 mots : J'ai toujours très mal écrit : ma destinée est de produire en quantité et à utiliser, un clavier, en plus de la plume…

- Votre catalogue ? Un livre sur le lien entre la bonne humeur, la santé, la psychosomatique, la philosophie de vie, publié aux *éditions Dervy-Trédaniel* pour la France, *De Vecchi* pour l'Europe - revue spécialisée sur les pratiques et philosophies du Yoga et de l'Orient, qui a connu son 138ème numéro en Juin 2016, à compte d'auteur, sur abonnement - Quatre ouvrages humoristiques édités à compte d'auteur - … et des projets …

- Depuis quand écrivez-vous ? Depuis que je tiens un stylo-plume (j'écris presqu'exclusivement à l'encre) : j'ai toujours au moins dix stylos différents dans ma sacoche … Et du papier …

- Depuis quand publiez-vous ?
Depuis 1988 avec le premier numéro de ma revue qui comptait

une quinzaine de lecteurs à cette époque et compte environ 90 abonnés, à ce jour. Plus de 700 articles y ont été publiés depuis.

- Livre en une ? "*La santé par la bonne humeur*" qui est publié en France, en Italie, en Espagne et qui a obtenu le prix de l'Académie du Languedoc en 2015.

- Auteurs favoris en prose ? Difficile à dire, car je lis surtout pour nourrir mon écriture et mon évolution personnelles sans laquelle elle ne pourrait se faire correctement. En matière d'écrits, je suis multivore ou polyphage. J'aime Montaigne, Laborit, Maslow, Rabelais, Epictète, Kabir, Boris Vian, Lowen, Schopenhauer, Vyasa, Pierre Dac, Vivekananda, Pauwels, Jung, Lao-Tseu, Plutarque, Pierre Desproges, Confucius …

- Poètes préférés ? Victor Hugo, Lamartine, La Fontaine, mais aussi Du Bellay, Ronsard, Hérédia… J'en oublie sûrement.

- État d'esprit actuel ?
Tranquille … et heureux de vous rejoindre à Montcuq très bientôt.

- Fautes qui vous inspirent le plus d'indulgence ? Toutes car si j'ai une très bonne orthographe qui m'a permis, un temps d'être correspondant de presse, je sais combien les lacunes ne sont pas "la faute" de ceux qui n'ont pas une bonne orthographe.

- Combien de salons du livre ? Trois ou quatre salons, environ.

- Principal lieu de vente ? Non. Je vends aussi lors des stages que j'organise, par le bouche à oreille ou auprès de mes clients.

- Que recherchez-vous dans un salon du livre ?
De tous temps, les salons ont eu, pour moi, cette utilité : 1/ rencontrer les gens et les lecteurs, et donc, éventuellement, vendre 2/ rencontrer de gentils organisateurs (je suis sincère) 3/ rencontrer les auteurs, bien que je sois plutôt "ours", mais gentil, rassurez-vous 4/Avoir du temps pour écrire entre deux visiteurs

- Montcuq en Quercy Blanc autre possibilité ? Je trouve que ce choix est bien. Une autre possibilité eut été de prendre une syllabe de chaque village : ex. Montecroix-Valbreil en Quercy, qui aurait permis à chacune des communes de conserver une part d'identité dans la nouvelle appellation.

- Un pied dans une autre ? Non. Je ne savais pas que cela existait.

- Déjà venu ? Je suis déjà venu dans le Lot, mais il y a longtemps.

- Vidéo ? L'accent est particulier et peut ne pas être compris par tous… les photos sont délicieuses. J'ai particulièrement apprécié les devises de la république sur le flanc de l'église.

- Auto-question :
J'aimerais que vous me demandiez : "Et maintenant que je vous connais mieux, m'autorisez-vous à vous parler de moi ?" Ma réponse serait : "Avec plaisir. Je vous écoute…"

Cantal

Jacques

Bienvenu

Votre catalogue ? 5 livres dont une histoire en vers (poésie) pour enfants et familles "*Le Magicien des Mots*", un manifeste pour l'Enfance "*Sauve qui peut l'Enfance*" (prose), 3 livres disques pour la jeunesse et familles "*Panique au Pays Vert*", "*Du riffifi au Pays du Silence*" et "*Charivari au Pays Bleu*"

- Depuis quand écrivez-vous ? 1988 soit 28 ans

- Depuis quand publiez-vous ? 1990 pour les chansons, 2003 pour la poésie mais plus sérieusement depuis 2013 pour les livres.

 - Quel livre présenterez-vous en priorité ? le dernier : "*Charivari au Pays Bleu*" car il parle de la recherche du bonheur et que l'on progresse au fil du temps (enfin j'espère pour moi) .

- Auteurs favoris (prose) ? Maurice GENEVOIX, Jules VALLES,

Marcel PAGNOL, Jean GIONO, Alphonse DAUDET entre autres et les "classiques" ainsi que toute la littérature jeunesse.

- Poètes ? Jacques PREVERT, Maurice CARÊME (j'étais instit ..; -;), Robert DESNOS, Jacques CHARPENTREAU, Jean de LA FONTAINE et tous les poètes... surtout ceux qui nous surprennent...

- Etat d'esprit actuel ? Plénitude - joie de la complicité et des rencontres - sincérité des paroles d'enfants

- Fautes ? Aucune pour l'orthographe, toutes pour celles de la vie.

- Combien de salons chaque année ? 30/40 minimum

- Est-ce votre principal lieu de vente ? pour moitié oui.

- Que recherchez-vous dans un salon du livre ? La convivialité et l'échange avec les nouvelles personnes rencontrées, la curiosité de la découverte des nouveaux lieux et la complicité avec les enfants et leurs familles un peu comme dans le spectacle que je pratique.

- Montcuq en Quercy Blanc LE NOM ? Tout d'abord... La fusion pour Montcuq... Euh Waouah ! C'est chaud là ! Ceci dit, il vaut mieux Montcuq en Quercy Blanc que Montcuq blanc en Quercy... Trêve de plaisanterie: je me permets de taquiner uniquement les gens ou lieux que j'aime ou que j'aimerai ...). Très honnêtement: je n'ai pas assez d'éléments pour répondre à cette question (ne connaissant pas ce terroir) et j'ai horreur de donner un avis sans savoir mais il me tarde sincèrement de venir découvrir le Quercy Blanc dans sa globalité. De plus n'ayant jamais fréquenté l'endroit et ne connaissant pas non plus l'envers (et notamment l'aspect sensitif de votre contrée)...

- Un pied dans une CN2015 ? NON ni l'autre d'ailleurs (pied)

- Lebreil, Ste Croix, Belmontet, Valprionde ou Montcuq ? NON plus, mais ces noms chantent bien à mes oreilles.

- Vidéo ? Je suis fan ! J'achète.

- Libre : Aimeriez-vous goûter des spécialités du Quercy Blanc ? Oui sans aucune restriction y compris la nourriture spirituelle. ...

Pyrénées Atlantiques

Christiane Laborde

- Vingt mots : J'adore : mes chats, le café. Je déteste : le bruit, la méchanceté. Signe particulier : j'écris, je vis.

- Votre catalogue ? Actuellement, trois livres sont édités, tous des romans pour la jeunesse, mais mes lecteurs vont, pour mon grand bonheur, de 6 à 96 ans.

- Depuis quand écrivez-vous ? Depuis longtemps, longtemps ; autant que je me souvienne, j'ai toujours aimé les mots, j'ai gribouillé sur des bouts de papier que j'ai bien souvent perdus. Maintenant, ce sont des cahiers fleuris lignés à l'anglaise qui recueillent mes petites idées.

- Publiez ? J'ai commencé cette aventure en octobre 2015, c'est donc très récent. En fait, publier n'était pas une priorité, j'écrivais pour mes amis, ma famille, pour moi. Et puis sous les encouragements des uns et des autres, je me suis lancée. J'en suis ravie.

- Quel livre en une ? Je n'ai pas de préférence entre les trois livres que je présenterai, bien que différents, ils me sont tous chers. Le premier, *Ecris-nous !,* un roman initiatique, représente pour moi la force, la conviction des idées qui me sont précieuses, le second, *Alana et la musaraigne,* deux contes autour du thème des mots, symbolise la douceur et le partage, et le dernier né, *Boulevard des secrets,* un roman policier psychologique, je dirai que c'est la vie !

- Vos auteurs favoris en prose ?

Je suis une lectrice frénétique et exigeante. Bon nombre d'auteurs m'enchantent. Pour n'en citer que trois, dans des domaines très différents, Fred Vargas, Christian Bobin ou encore Marin Ledun.

- Poètes ? La poésie, je n'en lis que de temps en temps. Parmi mes préférés, je citerai Verlaine, Aragon, et Apollinaire

- État d'esprit actuel ? Fourmillement caractérise mon état d'esprit actuel. De nombreux projets d'écriture, des contacts avec de nouveaux éditeurs, d'autres avec des associations et des médiathèques pour faire vivre mes livres…

- Fautes qui vous inspirent le plus d'indulgence ?

Aucune. Je suis très attentive aux erreurs d'orthographe ou de syntaxe ; parfois, il m'est arrivé de ne pas aller au-delà de la page 50 dans des romans si mal écrits que cela bloquait vraiment ma lecture. C'est le moindre des respects que l'on doit à nos lecteurs : une langue bien construite et sans approximations.

- Combien de salons ? Etant donné que je n'ai commencé qu'il y peu de mois ma « vie littéraire », ce salon de Montcuq en Quercy Blanc sera mon 7e salon.

- Principal lieu de vente ? Il ne faut pas se leurrer, lors de salons, le nombre de ventes n'atteint pas un volume très conséquent de ventes. Les plateformes en ligne, que ce soit en France ou à l'étranger, sont source du plus grand nombre de ventes.

- Que recherchez-vous dans un salon du livre ?

Un salon du livre est à chaque fois une nouvelle aventure. Un nouveau public, la rencontre, parfois, de *fans*, toujours de personnes charmantes avec qui échanger. Les retrouvailles entre auteurs font aussi partie des plaisirs de ces salons, les discussions enrichissantes, son carnet d'adresses qui se remplit, des idées foisonnantes sur la participation à tel ou tel salon…

- Montcuq en Quercy Blanc le nom ? Je ne puis donner d'avis, je ne connais pas ces communes, leur histoire, leur richesse.

- Un pied ? Ce sera la première fois lors de ce salon.

- Déjà venue ? Jamais encore, mais je suis impatiente de connaître ce lieu. De beaux paysages, une nature préservée, un bâti intéressant, une vie estivale florissante, voilà qui devrait me plaire vraiment.

- La vidéo ? Je dirais que cette vidéo n'est pas vraiment centrée sur le salon du livre, mais met en avant les richesses patrimoniales de cette commune. Certaines images seront sans doute mieux comprises par des habitants des alentours, les personnages publics m'étant inconnus… La musique, entraînante, donne le ton à ce que sera sans doute la journée du 14 aout, le texte démontre l'attachement à cette commune.

- Pourquoi avoir postulé pour ce salon ?
Tout simplement parce qu'une première pour un salon du livre est un événement à ne pas manquer ! La diffusion autour de cette journée m'a plu, les villages et leur environnement également, ce n'est pas si loin que cela de chez moi, ces quelques jours à passer dans le Quercy devraient donc me ravir.

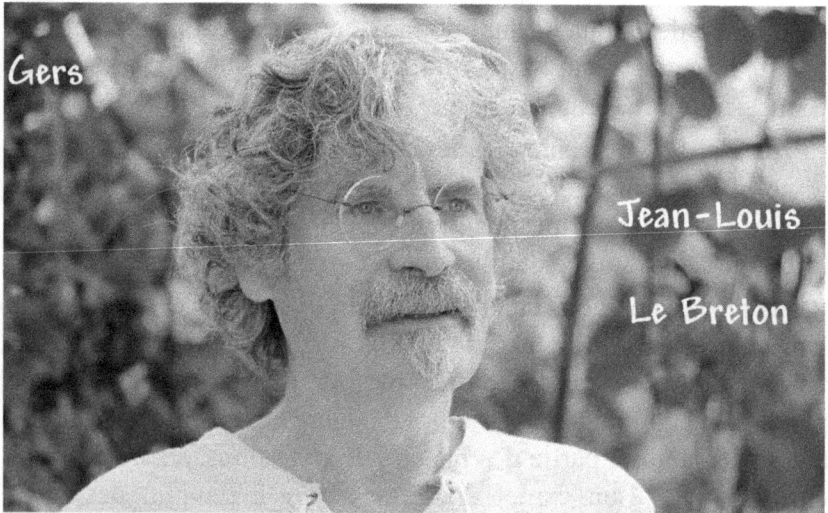

Gers

Jean-Louis

Le Breton

- Vingt mots... mots !... M O T S :
1972 L'oeil du futur
1976 Journaliste
1977 Lecteur Denoël
1981 Los Gonoccocos
1982 Dicotylédon

1982 Lard-Frit
1984 Froggy Software
1985 Nouvelles littéraires
1988 L'Ordinateur Individuel
1990 Univers mac
1991 Micro a Micro
1992 Le Rayon High Tech
1992 Anyware
1993 Calvacom
2005 Le Canard Gascon
2009 Fafouine Babouin
2015 Clara Weiss
(Pour l'explication de texte, comptez quelques heures)

- Votre catalogue ? Attention, c'est éclectique !
8 romans policiers ; 1 roman littérature générale ; 4 livres
(présentant 6 pièces de théâtre) ; 1 biographie de peintre ; 1 roman
d'informatique fiction ; 1 livre présentant la construction de notre
maison ; Participation à plusieurs anthologies contenant des
nouvelles de SF

- Depuis quand écrivez-vous ?
A 8 ans, j'ai écrit un petit roman inspiré des aventures de Bob
Morane et Bill Ballantine. (Hélas, je ne l'ai jamais retrouvé...) A
la communale, j'avais les meilleures notes en rédaction.
Vers l'âge de 20 ans, j'ai commencé à écrire des textes un peu
alambiqués, puis des nouvelles de science-fiction, puis des
romans...

- Depuis quand publiez-vous ? Premières nouvelles de SF à la fin
des années 70. Polars à partir de 2009.

- Quel livre présenterez-vous en priorité ? *Le libre choix de Clara
Weiss*... et ma série de polars (qui sont liés)

- Vos auteurs favoris ? Jean Vautrin, Frédéric Dard, Céline...

- Poètes ? Pierre Béarn (avec qui j'ai travaillé comme libraire)

- État d'esprit actuel ? Il y a urgence à écrire.

- Fautes... le plus d'indulgence ? Les fautes d'accord...

- Combien de salons du livre chaque année ? 5 ou 6

- Principal lieu de vente ? En vente directe oui. Sinon, il y a notre journal (*Le Canard Gascon*) son site internet... et les libraires.

- Que recherchez-vous dans un salon du livre ?
Des lectrices et des lecteurs. Le contact, l'échange, l'humour.

- Montcuq en Quercy Blanc name ? Monlivre en Quercy Blanc

- Un pied dans une "commune nouvelle 2015" ? Non.

- Déjà venu ? Non

- La vidéo ? J'adore les petits villages (je vis à la campagne)

- Question plus : - Voulez-vous dîner avec Stéphane Ternoise ?
Oui, le samedi soir ou le dimanche soir.

Haute-Vienne

Liliane

Fauriac

- Vingt mots : Les pieds bien ancrés dans la terre et la tête dans les étoiles : c'est tout moi !

- Votre catalogue : 9 ouvrages : 3 récits de voyages à pied (dont un sur le chemin de Compostelle où je parle de Montcuq) ; 2 romans ; 2 recueils de poèmes ; 1 recueil de nouvelles ; 1 témoignage autobiographique

- Depuis quand écrivez-vous ? Depuis que j'ai appris l'alphabet

- Publiez ? Première publication en 2011

- Livre en une ? *Tombée dans les étoiles sur le chemin de Compostelle. Une symphonie inachevée*

- Auteurs en prose ? Coelho ; Schmitt ; Khadra ; et tant d'autres !

- Poètes ? Aragon ; Prévert ; Eluard…

- État d'esprit ? Un sourire vaut toutes les promesses

- Fautes... indulgente ? ponctuation ; majuscules oubliées

- Nombre de salons du livre ? entre 15 et 20

- Est-ce votre principal lieu de vente ? oui

- Qu'y recherchez-vous ? contacts avec les lecteurs et échanges avec les auteurs

- Montcuq en Quercy Blanc le nom ? ?

- Un pied dans une "commune nouvelle 2015" ? non

- Etes-vous déjà venue ? oui à Montcuq

- Vidéo ? Le bonheur de revenir chez vous !

- Votre choix : Sans quoi ne pourriez-vous pas vivre ?

- La musique et l'amour !

Edmond Puyraud

© Stéphane Ternoise

Edmond, je l'ai connu à Montaigu. Nous nous sommes revus à Gramat... mais les inscriptions étaient closes... Il aurait aimé venir...

Finalement, il y eut, ici, trois désistements après la liste communiquée lors de la réunion publique organisée le 14 juin, salle du Conseil Municipal, place des Consuls, à Montcuq-tout-court. J'avais justement "sous le coude" deux demandes d'auteurs lotois... et Edmond dont l'histoire (et peut-être le futur) passe par notre département... Qui plus est, pour Montaigu, je lui avais demandé de répondre, fin mai, à une interview... finalement non diffusée dans la presse...

Je vous propose donc de faire ainsi sa connaissance.

- "*Equilibre naturel au jardin*" est votre premier et unique livre ? Pourquoi ?

C'est mon premier livre... Un deuxième sortira, je l'espère, en fin d'année 2016. J'ai écrit ce livre parce que la vie m'a mis devant mes responsabilités (nécessité de transmettre ce que nous avions mis en place), car nous avons été obligés d'arrêter toutes activités de jardinage (pour des raisons de santé). Je ne m'étendrai pas sur ce sujet douloureux mais nous sommes partis avec mon épouse à la recherche d'une terre (pour accueillir une âme électro-sensible) et c'est dans le Lot que nous avons trouvé une terre argilo-calcaire qui convenait à merveille.

- Il s'agit "un peu" de la somme des connaissances d'une vie ?

Je suis issu d'une famille de maraîcher par mon grand-père et arrière grand-père qui fonctionnaient sans le savoir ou du moins sans le montrer vraiment, dans l'esprit de la permaculture. Mes parents n'ont pas continué ce travail. Par contre, j'ai toujours fait du jardinage. J'ai eu la chance de côtoyer un sage, défenseur de l'agriculture biologique et de l'agro-écologie : Pierre RABHI, ainsi que Jean Boucher, fondateur en 1961 de l'association française d'agriculture biologique dont son fils Dominique était membre de notre association.

- Parlez-nous un peu de votre approche du jardinage.

Le jardinage est quelque de simple, qu'il ne faut pas compliquer. Il faut sans arrêt rechercher la sagesse de nos anciens dans ce domaine. Comme je l'ai écrit dans mon livre, "si nous aimons la nature elle parlera en nous parce que nous aussi nous sommes une partie de la nature". Il suffit de lui demander de nous rendre réceptif aux vertus cachées des végétaux, afin que la vie puisse circuler aussi en nous. C'est mon approche principale du jardinage...

- Convertir les jardiniers au respect de la terre qu'ils cultivent, est-ce finalement le meilleur moyen de lutter contre les pesticides et les nitrates ?

Depuis quelques temps, je donne des conférences, pour les jardiniers "amateurs", sur le remplacement des produits "phytos" par des produits naturels (plantes) que nos Anciens utilisaient jadis. Dans ces informations, je ne convertis ou oblige personne d'être en accord avec moi. Mais quelque part, pour les irréductibles je tâche de leur faire prendre conscience, écologiquement parlant, qu'il existe des solutions simples, pour le bien des végétaux, des animaux et de soi-même.

En tant que préventeur, nous avons beaucoup de travail devant nous, car d'après des statistiques sérieuses ce sont les jardiniers "amateurs" qui détiennent la palme d'or, par rapport à nos amis "professionnels" dans l'emploi des produits chimiques.

- Certains parlent "retenue d'eau", vous abordez le problème en "économie d'eau", pouvez-vous nous expliquer ?

En jardinage, il existe plusieurs points essentiels, tels : Rotation des cultures, association des végétaux entre-eux, lutte contre le parasitisme... et deux indispensables : emploi d'un bon compost et un sol en permanence paillé (paille de céréales non traitées ou emploi du Bois Raméal Fragmenté), du 1er janvier au 31 décembre.

Il serait trop long ici d'expliquer le bien fait du paillage. En quelques mots, je dirais ceci : Un sol non recouvert de "mulch", laisse partir dans l'atmosphère, l'humidité qui remonte du sol.

Alors qu'un sol paillé est associé à un filtre qui récupère et restitue cette humidité aux végétaux. C'est ainsi que si vous utilisez du Bois Raméal Fragmenté (B.R.F) comme paillis, il donne en plus de sa qualité de filtre, une certaine quantité d'eau non négligeable en plus, en tant que bois vivant (vert). D'où une économie d'eau d'arrosage rapportée d'au moins 50%.

- Vous viendrez de Haute-Vienne... Où a-t-on déjà pu vous rencontrer dans le Dans Tarn-et-Garonne ?

Après 5 ans passés dans le Lot et Garonne et le Lot, nous sommes revenus avec mon épouse en Haute Vienne pour vendre notre propriété et repartir dans un secteur près de votre région.

Dans le Tarn et Garonne, nous avons des amis qui habitent à Perville.

- Vingt mots : Une ligne ferroviaire passait près de chez moi : Lattue - Magnac - Moncuq - Touron. A cette époque, la SNCF avait beaucoup d'humour.

- Catalogue ? Un... culture des végétaux "*pour Jardiniers amateurs*".

- Depuis quand écrivez-vous ? 3 ans.

- Depuis quand publiez-vous ? Un an.

- livre en une ? Equilibre naturel au jardin

- Auteurs favoris ? Des auteurs : oui (Pierre Rabhi, Nicolas Hulot...). Pas d'auteurs favoris en prose

- Poètes préférés ? Guillaume Apollinaire, Victor Hugo...

État d'esprit actuel ? Je réponds sans trop réfléchir ! Je suis fatigué.

- Fautes qui vous inspirent le plus d'indulgence ? Les accents "aigus" ou "graves" sur certains mots.

- Nombre salons du livre annuels ? Six

- Principal lieu de vente ? Non

- Recherche ? La communication avec le public

- Montcuq en Quercy Blanc autre nom... ? J'aurais préféré : Monrosier en Quercy Blanc

- Un pied autre "commune nouvelle 2015" ? Non

- Déjà venu ? Non

- Vidéo ? Je la regarderai demain.

- Question oubliée ? A l'heure présente, je n'en vois pas !

Vienne

Edith

- Vingt mots : Auteur du *dico des gros mots cachés dans les mots*, le seul dictionnaire qui dévoile la fesse cachée des homonymes

- Votre catalogue ? Un récit : *Journal d'un égoïste - Quatre jours à Belle-Île*, écrit au masculin sous le pseudo de Ghilmer, et publié en 1994 par les éditions *Le bruit des autres*, plusieurs nouvelles parues dans différentes revues littéraires et surtout *Le dico des gros mots cachés dans les mots*, paru en 2008 et réédité en 2014 et 2015 en deux tomes illustrés par vingt dessinateurs de presse et de BD

- Depuis quand écrivez-vous ? 1994

- Depuis quand publiez-vous ? 1994

- Livre en une ? *Le dico des gros mots cachés dans les mots* "élu" numéro 1 des livres de toilettes par CANAL + en 2009 https://www.youtube.com/watch?v=2qki3P0P5qQ (Vidéo de l'Interview et la présentation du Dico) par CANAL

- Vos auteurs favoris ? Louis-Ferdinand Céline, Alain Bonnand

- Vos poètes préférés ? Les petits enfants

- État d'esprit actuel ? Moncuquois

- Fautes qui vous inspirent le plus d'indulgence ? Celle à Voltaire

- Salons du livre chaque année ? Entre deux et trois.

- Top ventes ? Non. L'ouvrage est également en vente sur notre site www.tachedencre-editions.com à la FNAC et sur Fnac.com

- Que recherchez-vous dans un salon du livre ?
Le contact direct avec les lecteurs et les échanges entre auteurs.

- Montcuq en Quercy Blanc name ? Rien de mieux.

- Un pied dans une "commune nouvelle 2015" ? Non, jamais.

- Etes-vous déjà venue ? Non plus, c'est une région que je ne connais pas du tout.

- Vidéo ? Elle invite au voyage... Et la chanson est très belle !

- Question libre... ou livre...

- La réponse est oui mais quelle était la question ? Woody Allen

Paris

Emmanuel

Serdet

- Votre catalogue ? *Le Testament* est mon premier roman, que je définis comme « *une mise en musique des religions qui amène le lecteur à se réinterroger sur ses propres croyances* ». Si j'en crois mes lecteurs, cet « ovni » peut se lire « comme un roman, comme un essai, comme un document ».

- État d'esprit actuel ? Je suis bien sûr impatient de découvrir Montcuq en Quercy Blanc !

- Fautes qui vous inspirent le plus d'indulgence ?
Y-a-t'il encore des fautes aujourd'hui puisque, avec la réforme de l'orthographe, on peut écrire n'importe quoi ? Grr...

- Vingt mots...

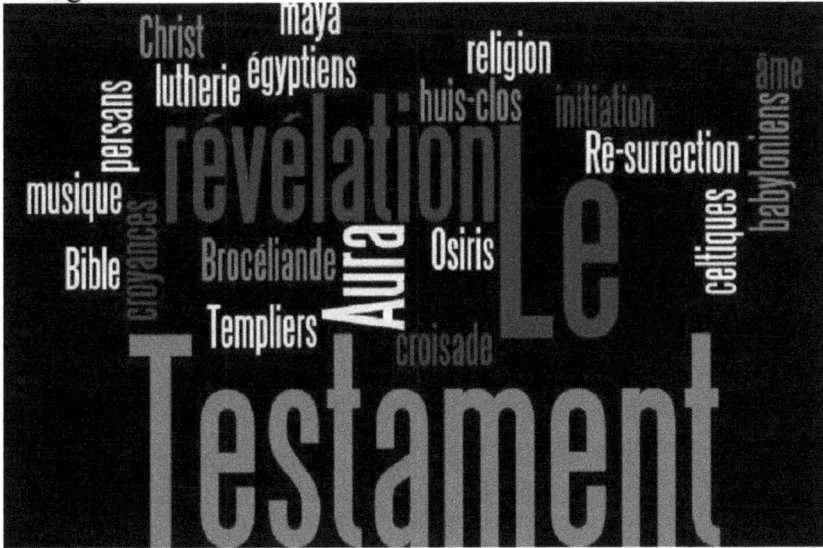

- Depuis quand écrivez-vous ?- Depuis quand publiez-vous ?

C'est la première fois que je publie un roman, et l'écriture, il me semble, c'est comme la cigarette, lorsqu'on a commencé...

Cela a commencé à me démanger il y a quelques années. Un séjour dans la forêt de Brocéliande, près de Rennes, et une rencontre impromptue avec une étudiante faisant une thèse sur les légendes arthuriennes ont été les déclencheurs.

Je préfère ne pas me fixer de ligne rigide pour la structure de l'histoire, pour ne pas brider l'imagination, quitte à réécrire certaines parties. Ce n'est pas gênant de zigzaguer un peu pour défricher la voie du récit.

Évidemment, il m'aura fallu un peu de temps, presque deux années, pour coucher sur 400 pages « une aventure dans les contrées de l'âme humaine mais aussi à la découverte des croyances des peuples anciens à travers les mythes et les légendes qui ont façonné certaines des religions d'aujourd'hui à travers le temps. »

Le Testament est paru en septembre 2015 aux éditions *Chloé des Lys* en Belgique, un éditeur associatif qui présente désormais pas moins de 875 œuvres : http://www.editionschloedeslys.be

61

- Auteurs favoris ? Je suis assez éclectique en littérature. J'aime aussi bien revisiter certains classiques, les écrits de Stevenson par exemple, que découvrir Sebastian Barry ou José Carlos Somoza. Pour moi, Somoza est une référence pour l'originalité des intrigues. Robert Merle, Marguerite Duras ou Jean-Christophe Rufin m'ont longtemps fait croire que l'écriture était facile, mais c'est là le vrai talent : dissimuler la difficulté d'écrire pour faire mieux exprimer le plaisir et l'émotion du lecteur.

- Vos poètes ? J'ai un faible pour la poésie nahualt chez les Aztèques, qui encensait « la fleur et le chant », en pleine contradiction avec leurs violences. Voici un extrait que j'ai repris dans mon roman :

« Oh ! on ne revient pas deux fois sur terre
Ô Seigneurs chichimèques !
Soyons heureux ! Emporte-t-on les fleurs au pays des morts ?
Elles ne nous sont que prêtées.
La vérité c'est que nous partons...
Nous quittons les fleurs, les champs et la terre
La vérité c'est que nous partons...
Si c'est seulement ici sur terre
Qu'il y a des fleurs et des chansons
Qu'elles soient notre richesse,
Qu'elles soient nos ornements,
Réjouissons-nous avec elles ! »

- Combien de salons du livre ? Principal lieu de vente ? Qu'y recherchez-vous ? J'ai présenté *Le Testament* au salon du livre de Figeac le 10 avril dernier. J'aimerais pouvoir être présent à plus de salons du livre, parce que les échanges avec les lecteurs sont directs, et les rencontres parfois surprenantes.

- Montcuq en Quercy Blanc nom ? Peut-être Montcuq-en-Toscane pour nous rappeler Nino Ferrer qui habitait juste à côté, puisque ce petit coin du Lot... on dirait le sud...

- Un pied dans une "commune nouvelle 2015" ? Pas encore...

- Vidéo ? Montcuq, un nom qui chante !

- Et la suite ? Le prochain roman est en cours...

Belgique

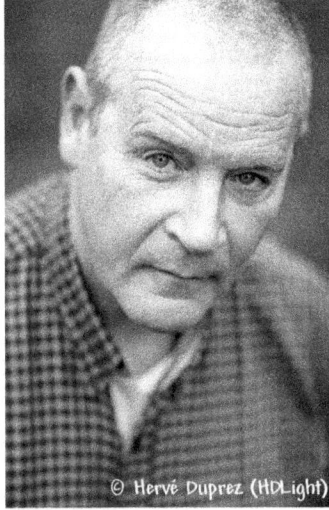

© Hervé Duprez (HDLight)

Philippe

De Riemaecker

Vingt : Salués au niveau international, c'est par une écriture sobre, élégante, rattrapée par l'actualité, que l'auteur porte ses regards.

- Catalogue ? 2 romans, 1 nouvelle, Poésies & Chansons françaises.

- Depuis quand écrivez-vous ? Longtemps

- Publiez-vous ? +- 1970, mais, plus sérieusement depuis 2014

- A la une ? Le dernier *"Tant de silences" Editions Chloé des Lys"*

- Vos auteurs favoris en prose ? Victor Hugo, Gilles Legardinier, Véronique Gaglione et des centaines d'autres

- Poètes ? Julos Beaucarne, Jacques Brel et beaucoup d'autres.

- État d'esprit actuel ? Promotionnel ;-)

- Fautes... le plus d'indulgence ? Les fautes d'inattention

- Combien de salons du livre chaque année ? Une dizaine

- Principal lieu de vente ? Non

- Qu'y recherchez-vous ? Plaisir des rencontres

- Montcuq en Quercy Blanc autre appellation ? Aucun avis.

- Un pied en CN 2015 ? Impossible de répondre à cette question.

- Déjà venu à Lebreil, Ste Croix... ? Non

- La vidéo ? attise ma curiosité.

- Question supplémentaire... Aimeriez-vous venir à cheval?
Pourquoi pas, mais je préfère les ânes.

Jean Gualbert

Voici la réponse à vos questions:
- N'est-il pas temps de se poser la question de notre implication personnelle dans le "vivre ensemble" ?
- Un livre dans un genre mal défini (récit allégorique), quelques textes (poésies, nouvelles) en recueils collectifs.
- Automne 2006.
- 2008
- Le cauchemar de Marianne (ce sera d'ailleurs le seul)
- Pagnol, Marie Gevers, Frison-Roche, Genevoix.
- Verhaeren, Maeterlinck, Aragon, et Guy Vielfault
- A l'instant assez occupé; en général plutôt calme.
- Etant moi-même assez distrait, les fautes d'attention.
- Cette année, ce sera le quatrième.
- Avec trois livres vendus, j'espère que non.
- La rencontre avec mes collègues, ou des lecteurs potentiels.
- De laisser le choix aux habitants de ces communes, dont je ne suis pas.
- J'ignore ce qu'est une "commune nouvelle 2015"...
- Non, en tout cas pas dans cette vie.
- Un endroit où il doit faire bon vivre, en particulier pour les pigeons.
- Il y en aurait tellement....

Également : Tony Dupuy (Charente-Maritime) et Laure Massibot (Allier)

Stéphane
Ternoise

17 juillet 2016

Et s'il n'en reste qu'un... je serai le dernier... Des organisateurs peut-être également. Bien que je sois "auteur lotois", il m'a semblé naturel de d'abord vous présenter nos invités. Toujours lotois... car il est préférable de ne pas céder à la tentation du départ... Le départ... Se dire qu'ailleurs moins de médiocrité, de violence, de mépris s'abattra sur une vie littéraire... (mais c'est sûrement partout difficile ! Et j'aime tellement les figuiers, sentiers, vallées, ruisseaux...) Une parenthèse devient nécessaire... Une autre ! J'aurais aimé qu'il soit là... Frédéric Dhuême « *une sorte d'écrivain vagabond qui vit dans le Lot.* » (selon francetvinfo.fr).

Nous étions sept plus "cinq professionnels de la mise en terre", le 1er avril 2015, cimetière nord de Cahors.

Le « *premier SDF écrivain* » d'après l'appellation de Thierry Ardisson dans son émission « *Salut les terriens !* » souhaitait "devenir vraiment écrivain"... Un journaliste de la *Dépêche du Midi*, en me demandant par message privé sur Twitter de le confirmer, m'avait informé de son décès... J'étais l'un des rares à qui il avait remis son nouveau numéro de portable... J'ai appelé... On ne l'a jamais faite, « cette bouffe. »

Il n'était plus SDF mais hésitait entre reprendre la route et/ou écrire... Ma démarche l'intéressait... lui semblait la bonne voie pour sa suite... Perrine également a pris la route... Elle aurait peut-être participé à cette association... Elle fut « tout un symbole », pour moi et quelques autres... Dans l'un des "villages conquis"... décédée à même pas trente ans aux premières heures de la fusion... Et voilà, quelques heures avant de boucler ce texte, de nouveau dans l'une des églises de cette vallée profonde, pour le dernier voyage, le retour, de M. Cure, M. Jean Cure, un homme bien, il m'a fait connaître cet endroit, il était « un bon voisin. » 86 ans mais je le revois encore monté sur mon toit y'a même pas dix ans, où je n'osais l'accompagner pour retirer des tuiles...

On vit « *toujours avec des morts.* » Et "les jeunes" ne se précipitent pas pour les "remplacer"... Je sais qu'il me faut retenir l'aspect littéraire « des choses » mais il arrive un moment où « ça fait beaucoup. » Pourtant le choix est connu : avancer ou s'arrêter.

Bref, nous serons quarante-trois, j'ai lu et échangé "en privé" avec certains. Rien que pour cela, elle valait le coup, cette aventure. Oui, forcément, l'écrivain se cherche aussi... oui il se cherche toujours... mais il se cherche également des affinités. Il ne faut pas croire qu'on s'adore toutes et tous, qu'on se lit toutes et tous ! Je n'ai appliqué aucun de mes "critères littéraires" pour ce "plateau". Et finalement, ce n'est pas grave si sur 43, trois n'ont "vraiment pas leur place"... Le "niveau minimum". La littérature est également un domaine où l'on se confronte au réel, où l'on peut progresser... Avant d'acheter un livre, il faut quand même en lire quelques phases (sauf un des miens, monsieur le maire ?!)

Je ne recommencerai pas en 2017 dans ces conditions. Puisse ce salon permettre la rencontre avec des femmes et des hommes littéraires. Oui, vingt ans après mon arrivée, je connais encore peu de monde ! Naturellement, je réponds également...

- Vingt mots, au maximum... Pour la première fois je montre... mes livres dans la commune. Même à la bibliothèque vous n'en trouverez pas un !... (explications possibles le jour du salon ou consulter les bouquins consacrés à ce sujet)

- Catalogue ? Je suis vieux... 25 années d'écriture. Une centaine, dont des recueils. Romans, théâtre, essais, chansons, photos. Et donc encore un en plus même si vous m'avez bien aidé, chers collègues !

- Depuis quand écrivez-vous ?
La conscience de pouvoir sauver ma vie par la littérature a germé vers 10 ans, à Valhuon, à l'école, suite à la surprise de l'instituteur de ma très bonne "rédaction". Je n'ai pas osé lui répliquer « c'est normal, je serai écrivain. » J'ai alors essayé d'écrire. J'apercevais "une lumière". À 15-16 ans il y eut la poésie-chanson de "révoltes". Et ensuite, heureusement l'amour !

- Depuis quand publiez-vous ? 1991.

- Quel livre présenterez-vous en priorité ? Suivant le premier regard sur mon stand... Quelques livres sur Montcuq, qu'il soit en Quercy Blanc ou tout court, attireront peut-être l'attention...

- Auteurs favoris ? De Sénèque à Houellebecq, Maupassant, Céline, Paul Auster, Djian, Lucía Etxebarria.

- Poètes ? Aucun ne me donne envie de le relire. Mais j'écoute depuis des décennies Jacques Brel et Gérard Manset. Des poètes ? Certains le prétendent, d'autres s'offusquent d'un tel qualificatif. J'aime leurs mots. Leur verve, leur voie.

- État d'esprit actuel ?
Serein, malgré tout. Et tourné vers la littérature... Même s'il s'agit ces dernières semaines de textes courts (chansons, sketchs)

- Fautes qui vous inspirent le plus d'indulgence ?
Celles sans méchanceté ni colère. Celles où l'on s'avoue « j'aurais pu faire autrement et c'aurait été préférable. »

- Combien de salons du livre ? Du premier en 1991 au Touquet à celui-ci, j'aurais connu des années à une dizaine maxi et le plus souvent aucun. Car j'ai été déçu par ces endroits où les organisateurs pensent qu'il suffit d'inviter vingt auteurs régionaux et placarder quelques affiches... Et je ne vais plus dans les salons où les libraires « ont le pouvoir. » Il faudrait leur laisser 30%, et naturellement sans défraiement...

- Principal lieu de vente ? Heureusement non. Internet c'est quand même un changement !... Avec Amazon comme seul, malheureusement, vrai libraire en France, de livres en papier (un vrai libraire : où sont accessibles bien plus que les livres de l'oligarchie) Et il y a le numérique...

- Que recherchez-vous dans un salon du livre ?
Des ventes. Et quelques rencontres exceptionnelles. La plupart du temps, c'est décevant, sur les deux points. Mais si on n'y est pas, il ne peut rien se passer... Enfin, maintenant, avec un "vaste catalogue", je suis le plus souvent un de ceux s'en sortant le mieux... Il fallait attendre... Soyez patients !

- Montcuq en Quercy Blanc... nom ?
Si l'on souhaitait conserver le grotesque terme "Montcuq", peut-être indispensable pour "la renommée" (tout le monde ne pouvant s'honorer d'une tour Eiffel, pas même d'un pont Valentré, le Lot ayant d'ailleurs refusé d'avancer jusqu'ici, comme plus tard la voie ferrée... Même Léo Ferré s'est arrêté avant, à Gourdon ; quant à Colette Brogniart, le 13 août elle donne, à 21 heures, une conférence à Fitou, sur le chansonnier né le 24 août 1916, donc ne sera pas des nôtres, fermons une énième parenthèse), il convenait au minimum de continuer par un "et" reprenant les villages "conquis". *Montcuq et les conquis*, c'est naturellement une proposition témoignage de mon « *mauvais esprit.* » (Gide nous a caricaturés avec son « *on ne fait pas de bonne littérature avec des bons sentiments* ») Pour une référence au Quercy Blanc, on pouvait suggérer *Montcuq et les trous blancs*, pour lequel la société Hasbro aurait peut-être lancé un Monopoly collector (opération sûrement rentable).

Autre piste : nous sommes "historiquement" de la "région des Vaux", ce qualificatif existait accolé à certains des noms, *Ste-Croix-des-Vaux* et *St-Félix-des-Vaux*, fusionné fin 18e avec Valprionde, étymologiquement *"vallée profonde"*. Si l'humour conseillait *Montcuq-des-Vaux, Montcuq et Vallées* me semble la meilleure de mes suggestions crédibles.

Fallait-il garder Montcuq dans le "nouveau nom" ? Qu'aurions-nous à vendre sans notre nom, pauvre écrivain ! Me répondraient sûrement les lucides... Des melons, des pommes, du foie gras, des bouquins, Un référendum aurait été préférable... comme pour la fusion. *Vallées du bas du Lot* manque d'énergie !... *Vallées des bords de Montcuq ? Montcuq et Saints ?* Hum hum...

- Un pied dans une autre CN2015 ?
Je suis passé à Cœur de Causse, où comme ici le panneau n'existe pas encore. Je suis passé à Labastide-Murat en 2016.

- Déjà venu ? Je ne suis pas propriétaire sur chacune des anciennes communes !... mais peut-être celui les ayant le plus photographiées ces cinq dernières années.

- La vidéo ? J'aurais sûrement pu mieux faire. Et j'espère contribuer à populariser Dragan, l'interprète de *t'as choisi (de vivre dans le Quercy)*. D'autres auraient fait mieux. Mais cela aurait sûrement nécessité de les payer (en tout cas, personne n'a fait autre chose !) et la subvention municipale est à 200 euros (alors qu'une tournée d'hommage à Nino Ferrer obtient dix fois plus... et une dérive : *Vallées des cornichons* aurait offert un certain attrait... *Montcuq et les cornichons...* Ah ouais ! Ce genre d'humour fera grincer des dents ? Vous voyez bien qu'il fallait lui couper l'herbe sous le pied... Rions, rions... Il nous reste le droit d'en rire !)

- Et la question choisie :
- Que retenir de ces mois de travail pour ce salon ?
Ils auront permis un tri parmi les personnes côtoyées, en montrant la vraie face de certaines, parfois d'apparence très « sympathiques » quand il s'agit de contester. Et d'en rencontrer d'autres... La vie quoi !... Les bonnes relations, c'est, avant tout, des affinités... Et des projets en commun... C'est en faisant les choses qu'on peut avoir une chance de rencontrer les quelques humains avec lesquels également prendre plaisir à déguster un abricot, une bière ou échanger des banalités, parfois même regarder tomber la pluie... J'ai déjà écrit cela sous la forme d'une chanson voici une dizaine d'années... On se répète souvent...

Oui, un livre...

Ceci est donc un livre ! C'est "trop" pour un simple salon en milieu rural ? Effectivement, ailleurs, jamais ça ne se fait ! Il existe bien des programmes, le plus souvent remplis de publicités sur une grande partie, symbole du seuil de rentabilité par rapport au prix du tirage.

Ici, ce principe fut envisagé « dans l'association.» Mais il nécessitait un minimum de travail...

Ne pouvant faire le minimum il fallait... faire plus !

Un livre : puissé-je avoir donné une idée !

Oui, un livre, car c'est quand même, ce qui va nous réunir le 14 août, au-delà de tout... Les mots... Si tout se passe sans drame, je parlerai...

Je débuterai alors par quelque chose du genre... Oui, ce ne sera pas totalement improvisé !...

« Bonjour à toutes et à tous,

Il me revient le grand honneur de prononcer les premiers mots officiels de ce premier salon du livre. Pour vous, collègues écrivains, éditeurs, cela peut sembler une continuité logique.

En 2003, de Montcuq, je lançais effectivement le prix littéraire du salon du livre du net, et j'aurais souhaité l'associer à un salon du livre concret mais... ce ne fut pas possible... Je vivais alors dans une commune voisine, ici s'activait seulement ma boîte postale...

Puis cinq communes ont fusionné au 1er janvier 2016, Montcuq la grosse, à notre échelle du nombre d'habitants, et quatre villages dépeuplés.

J'avais été, en 2015, un opposant aux arguments concrets contre cette fusion, au point qu'une de mes interviews fut remarquée en préfecture, j'ai même naturellement utilisé ma plume parfois poétique de manière féroce !

Et une association fut créé « Montcuq en Quercy Blanc 1ere», dont aucun des membres n'avait soutenu cette fusionnite !

Au 1er janvier 2016, je suis donc devenu un administré de

Montcuq-en-Quercy-Blanc, cette commune que vous n'avez pas trouvée ! Nous en avons même souri : vous avez étés invités dans un lieu non référencé, même par google itinéraire !

Quant à l'association, qui ne pouvait quand même ratiociner « nous étions contre », elle a souhaité avoir des projets, et j'ai naturellement ressorti de mes cartons ce salon du livre. Je me sentais capable de "faire venir" quelques écrivains, ce qui est quand même l'essentiel... Ce projet suscita pourtant des difficultés trop longues à raconter sur scène... Mais il existe un livre sur le sujet !

Ainsi, après quelques péripéties, c'est le grand jour ! »

Et il m'en reste quelques-uns pour peaufiner cette "improvisation"...

J'ai déjà utilisé cette photo dans plusieurs livres...

Il me semble naturel de l'ajouter dans

Montcuq en Quercy Blanc

Le salon du livre

Dédiée à celles et ceux dont l'utopie va jusqu'à essayer de vivre de son travail littéraire

Comme un écrivain indépendant

71

Le questionnaire de Montcuq des élus...

Naturellement, il faut du temps pour répondre à des questions... Mais là, zéro pointé ! Peut-on en déduire, conclure leur crainte de la comparaison de leurs réponses avec celles des écrivains ? Naturellement, le temps accordé fut bref... Un mail personnalisé, pour les élus municipaux, doublé d'une lettre en papier remise à la maire... À quelques mots près, quelques adaptations, ça donne :

Aux 43 auteurs du Premier Salon du livre de Montcuq-en-Quercy-Blanc, j'ai envoyé un "questionnaire de Montcuq en Quercy Blanc", naturellement librement inspiré de celui de notre cher Marcel Proust.

Pour célébrer cet événement, également en "faire causer", leurs réponses seront éditées dans un livre numérique gratuit largement diffusé, et une version en papier (un collector !).

M'est venue l'idée de proposer une variante de ce "questionnaire" à monsieur le maire et mesdames et messieurs les adjoint(e)s. Puis à madame la préfète, et naturellement nos conseillers départementaux, notre président de notre communauté de communes...

- Comme les écrivains : en vingt mots, au maximum, merci de vous présenter.

- L'art, dans votre vie quotidienne, est-ce d'abord la littérature ou d'autres formes d'expression ?

- Votre vie littéraire est composée de combien de livres lus, combien de livres relus, dans quels genres ?

- Vous êtes-vous déjà lancée dans l'écrit littéraire, la poésie par exemple ?

- Ou avez-vous déjà été tentée ?

- Si oui, avec l'envie de publier ?

- Vos auteurs favoris en prose ?

- Vos poètes préférés ?

- État d'esprit actuel ?

- Fautes qui vous inspirent le plus d'indulgence ?

- Un salon du livre, 43 auteurs, comme première nouvelle manifestation de la commune nouvelle, qu'en pensez-vous ?

- Viendrez-vous également en lectrice, avec l'envie d'acquérir des livres ?

- Comme Georges Brassens en son temps, citant d'ailleurs Montcuq dans une de ses chansons, Stéphane Ternoise a "mauvaise réputation" chez une partie de nos concitoyens lotois. Déplaire à une partie de la population, est-ce forcément inévitable, selon vous, pour un créateur impliqué dans son époque ?

- Selon vous, Marcel Proust (1871 - 1922) est-il passé par Montcuq ?

- Première réaction à la vidéo "Montcuq en Quercy Blanc La commune nouvelle Le salon du livre" ? (elle est également sur youtube, accès direct :
https://www.youtube.com/watch?v=OeVE-MM89ik)

- Et "la question oubliée", celle à laquelle vous auriez aimé répondre... Question et réponse !

Merci de votre participation à l'écriture d'une page de notre histoire.

Veuillez agréer... l'expression de mes respectueuses et littéraires salutations.

Naturellement, aucune déception. Juste un fait. Oui, dommage.
Leur participation constituait un "Neutre Préférable" dans ma voie stoïcienne. Cette absence de réponses est sûrement un écrit plus important que celui des élus dans le premier « *bulletin d'informations municipales* » de Montcuq en Quercy Blanc.

Lors de notre échange téléphonique, son secrétariat m'avait signalé que madame la préfère, alors en congés, avait « quelque chose » à me renvoyer... Je suppose qu'il s'agit de ses réponses. Ouais, j'aurais aimé qu'elle soit la seule officielle à participer ! Mais il faut boucler (le tirage, et non...)

12 pages, en quadri : une erreur historique, ce « Montcuq en Quercy Blanc infos. »

Quand une commune nouvelle se crée, le premier bulletin d'informations municipales est naturellement un événement. Le numéro un ! Mais ici, le N° 1, c'est le N° 42 Juin 2016 !

Car, oui il faut continuer par *car*, en décembre 2015 fut publié le dernier bulletin de Montcuq, le N° 41.

Ils ne s'y seraient pas pris mieux, les élus, s'ils avaient voulu accréditer la pensée de mon essai « *Soumissions à Montcuq (Belmontet, Lebreil, Sainte-Croix et Valprionde à genoux).* » Oui, sous le nom de fusion, il s'agissait bien d'une absorption ! Qui est responsable ? Forcément le directeur de la publication ! Qui a consciemment noté 42 plutôt que 1 ? "Quelqu'un m'a dit", un des noms notés dans l'ours de « Montcuq infos » (oui là également le QB n'a pas été ajouté) ne pas s'en être aperçu... Et ils ont tous raté leur édito ! (exercice périlleux, ils en diront peut-être autant du mien et de mes *élucubrations*).

Une présentation du salon "aurait dû" figurer... En couleur...

Montcuq en Quercy Blanc
Dimanche 14 août 2016
Le Salon du Livre

Espace Animations - Entrée gratuite

L'événement littéraire de la première année de la Commune Nouvelle se déroulera au cœur de l'été...

Jean-Louis Le Breton

« *Le 1er janvier 2016, à la première seconde, fut décerné le 13e prix littéraire du "salon du livre du net". Au même instant naissait la Commune Nouvelle... Le 6 paraissait au Journal Officiel la création de "Montcuq en Quercy Blanc 1ère", première association lancée dans la nouvelle configuration, qui portera cet événement, où de manière symbolique je remettrai, lors de l'inauguration officielle vers midi, le bouquin "Montcuq en Quercy Blanc" à Jean-Louis Le Breton, le lauréat du 1er janvier.*

Il est trop tôt pour vous proposer la liste des écrivains présents ce jour-là dans ce sud du Lot... Je sens un frémissement : ils sont nombreux à désirer s'inscrire dans notre histoire, qui n'a jamais connu, ni à Belmontet, Lebreil, Montcuq, Sainte-Croix ou Valprionde, pareille initiative.

Romans, récits, poésie, théâtre, essais, BD, photos... Les auteurs échangeront avec les lectrices et lecteurs, dédicaceront leurs œuvres... à quelques mètres du traditionnel marché, considéré comme l'un des plus beaux de France.

Il s'agira d'une fête littéraire, conviviale, créée pour s'inscrire dans la durée... »
Stéphane Ternoise.

Informations : www.salondulivre.tv et www.montcuq-en-quercy-blanc.fr

Suite à ma demande d'insertion d'un document de présentation du salon du livre, après accord oral de M. Alain Lalabarde, maire, je contactais par téléphone, au numéro remis par ce dernier, madame Arianne RECHE. Notre échange fut très courtois. Je lui envoyais l'image à insérer, au format 1/2 page A4.

Mais le mercredi 13 avril 2016 :

« Bonsoir Monsieur Ternoise,

Suite à une discussion avec les membres du journal, il en ressort que le bulletin municipal ne peut contenir que des informations municipales qui relèvent de la commune.

Nous vous recommandons de vous rapprocher de l'office de tourisme, du guide d'été de la dépêche ou autre presse locale qui diffuseront votre information.

Je vous prie de bien vouloir recevoir, Monsieur, mes salutations distinguées.

Arianne RECHE »

La Commission bulletin municipal était formée, selon les informations alors en ma possession, de : RECHE Arianne, MATHIEU Jocelyne, CAUMON Patrice, SABEL Marie-José, ROUSSEL Olivier.

Quant à la commission Culture...

Lors du Conseil Municipal de Montcuq-en-Quercy-Blanc du 21 janvier 2016, M. Le maire a proposé d'ouvrir les commissions aux citoyens intéressés. J'ai saisi l'opportunité pour participer à la commission "fêtes, manifestations et affaires culturelles". Elle fut acceptée. M. Le maire a réitéré l'annonce de cette ouverture des commissions lors de ses vœux le lendemain. Cette commission ne s'est pas encore réunie ? Je n'ai pour l'instant été convié à aucune réunion. Ce qui semble affligeant dans une commune nouvelle ouverte à la culture ?

Sûrement pas le meilleur ni le plus mauvais des documents

J'ai donc pris le temps de réaliser un document, imprimé à une centaine d'exemplaire A4 sur l'imprimante laser (noir-et-blanc) de ma vie professionnelle, diffusé (en couleur) sur quelques sites. L'associatif, c'est également du bénévolat, quand on croit à « quelque chose. » Rien d'exceptionnel mais si chacun des membres de l'association avait apporté ses petits cailloux à cette route, elle aurait été... plus fréquentée ? Finalement, peut-être pas... Car il existe des cailloux en forme de clous propices à crever les pneus de nos vélos...

ÉCRIVAINS...
VOTRE ROUTE LITTÉRAIRE...
PASSE PAR LE SUD DU LOT ?

MONTCUQ-EN-QUERCY-BLANC
LA COMMUNE NOUVELLE
CRÉÉE LE 01 01 2016

MONTCUQ-EN-QUERCY-BLANC

LE SALON DU LIVRE

DIMANCHE 14 AOÛT 2016

Organisation

Montcuq en Quercy Blanc 1ere

Asso JO 06 01 2016

http://www.montcuq-en-quercy-blanc.fr

montcuqenquercyblanc@gmail.com

Le choix de la date : un dimanche estival...

Montcuq s'honore de posséder « *un des cent plus beaux marchés de France.* » Très touristique. Il s'agira ainsi d'un jour de très forte affluence... le matin (qui dure jusqu'à 14 H)

Et la mairie de Montcuq-en-Quercy-Blanc met à notre disposition l'espace Animations.

Pourquoi un salon du livre à Montcuq-en-Quercy-Blanc en 2016 ?

« *Au début des années 2000, en même temps que la création du "salon du livre du net" www.salondulivre.net et son prix littéraire, j'aurais aimé lancer un salon du livre à Montcuq.* »

Ce ne fut pas possible. Car naturellement un tel projet nécessite un minimum de dialogue municipal, une perspective et un soutien à "moyen terme" (on ne s'implique pas ainsi dans de mauvaises conditions ni pour une saison)...

Le 1er janvier 2016, à la première seconde, fut décerné le 13ᵉ prix littéraire. Au même instant naissait officiellement la COMMUNE NOUVELLE de Montcuq en Quercy Blanc, fusion de Belmontet, Lebreil, Montcuq, Sainte-Croix et Valprionde. Soit un vaste territoire de 78 km².

Membre fondateur et secrétaire de l'association "Montcuq en Quercy Blanc 1ᵉʳᵉ", j'ai proposé début 2016 la création de cet événement, accepté par le Conseil d'Administration.

Ayant longuement rencontré M. Alain Lalabarde, notre maire, le 18 mars, pour "clarifier certaines choses" et "exposer nos positions réciproques", j'invite les écrivains francophones à participer à cette première, à entrer dans l'Histoire de Montcuq... en Quercy Blanc... La patience est toujours notre grande vertu ! Et il faut faire les choses quand elles deviennent envisageables... »

Stéphane Ternoise

Des partenaires...

Oui, il y en aura... mais il est encore trop tôt pour les annoncer. Conférence de presse prévue en juin.

Un événement départemental, régional... et national...

Montcuq (tout court) avait l'habitude d'attirer l'attention des médias par la sonorité de son nom... La conjonction de ce passé avec la création de cette commune nouvelle, et d'une initiative culturelle majeure "à la bonne période", laissent espérer un écho médiatique d'importance...

Vous inscrire...

Dans tous les cas : avant le 14 juin 2016. Dans la limite des places disponibles. Un communiqué sur le site informera de la clôture des inscriptions.

Avec au verso : un bulletin d'inscription...

Les officiels...

C'est sûrement scandaleux pour certains mais j'ai invité les officiels. Tous. Sans me soucier de leur couleur politique ni des tensions nées de mes écrits.

Ni « lèche-cul » ni « soumission » mais un salon du livre digne de ce nom se doit de recevoir des officiels, qui génèrent également (le plus souvent) une couverture médiatique supérieure et l'arrivée d'une « suite officielle. » C'est ainsi. Et finalement bien !

Ma préoccupation, c'est la réussite du salon du livre, et ceux hostiles même à sa tenue au motif qu'il sera récupéré par M. Lalabarde sont au mieux des "idiots utiles" (à certains sûrement): la réussite, l'échec ou l'annulation de cette manifestation ne changera rien au résultat de 2020 !

Madame la préfète du Lot.

Ayant déjà échangé par mail avec madame la préfète du Lot, "grâce" (cela a forcément joué) à la longue interview publiée dans *La Vie Quercynoise* au sujet du livre « *les villages doivent disparaître !* », qui avait attiré son attention, après mes prises de positions et communiqués sur le processus de création de notre commune nouvelle, avant une intéressante discussion, je l'ai naturellement informée de la création de ce salon, à l'adresse personnelle qu'elle m'avait alors communiquée. Et madame Catherine Ferrier m'avait répondu par mail le 17 mai « *ce sont de bonnes nouvelles, à vrai dire je devrais être en congé à ce moment là, mais je n'ai pas encore de certitude sur ces congés et je viendrais mais SI je suis dans le lot à ce moment là ; dans la négative, le secrétaire général également sous préfet de l'arrondissement concerné sera là et le connaissant il essaiera de se libérer, mais nous ne pouvons ni l'un ni l'autre à ce stade vous faire des promesses par honnêteté.*
À bientôt peut-être donc, et continuez sur ce bon chemin, il n'est pas besoin d'être en accord sur tout pour conduire de belles actions collectives... »

Naturellement, je lui ai envoyé une invitation officielle par voie postale... Comme aux autres officiels...
Le 20 juillet, son secrétariat m'a confirmé sa présence...

Nous avons donc détaillé un timing.
Son chauffeur la déposera à 11 heures 15 devant *l'espace animation.*
11 heures 30 début de la présentation aux écrivains
12 heures 15 discours
12 heures 45 pot de l'amitié
13 heures 15 les officiels sont libérés... peuvent se consacrer à l'achat des livres...

Naturellement, une inauguration, on sait l'heure à laquelle elle commence mais on peut se laisser emporter par des propos intéressants mais longs ! (arriverai-je à faire court ?)

Le Président du département

19 juillet à 15:59

« Sujet: invitation

Bonjour,

Le Président du département, Monsieur Rigal, vous remercie pour votre invitation le 14 août 2016 au premier salon du Livre.

Des engagements antérieurs ne lui permettent pas d'être présent et il vous prie d'excuser son absence.

Très cordialement,

Elise RALAY

Collaboratrice de Cabinet
Cabinet du président
Département du Lot »

Je suis parfois rentre dedans... Mais je n'ai pas apprécié cette réponse ! Le 19 juillet à 18:30 je le leur signifiais :

Bonjour Elise,
Bonjour M. Serge Rigal,

J'ai bien noté Elise, que Le Président du département, Monsieur Serge Rigal, sera absent et non représenté au premier Salon du livre Montcuq-en-Quercy-Blanc.

J'ai bien noté Elise, que Monsieur Serge Rigal ne semble pas intéressé par le "questionnaire de Montcuq en Quercy Blanc".

J'ai bien noté M. Serge Rigal, que non seulement la censure départementale sur mes œuvres littéraires continue dans "CONTACT LOTOIS" mais que vous avez eu l'indélicatesse dans le contact lotois 98 de noter page 30, au 14 août, simplement "Salon du livre Montcuq-en-Quercy-Blanc"
avec "Rens 05 65 22 94 04", soit le numéro de l'office de tourisme, qui ne figure pas parmi les organisateurs.

Décidément, ce département, ne mérite surement pas toute l'attention accordée dans mes publications.

Je vais donc, Monsieur Serge Rigal, m'incliner, et annoncer, dans mon prochain livre, cesser de publier [sur ce département], tant que vous en serez le président, puisque visiblement JE VOUS DERANGE, puisque VOUS AVEZ REFUSE DE ME RECEVOIR ES SIMPLE CITOYEN AYANT REFLECHI A L'AVENIR DE NOTRE DEPARTEMENT, puisque CONTACT LOTOIS m'est fermé comme [de fait] les manifestations financées par le département [quelle belle démocratie lotoise où des troupes de théâtre lotoises préfèrent ne pas me jouer par crainte d'être blacklistées], avec pour seule exception les communes où je serai reçu. Et quand je lance un salon du livre dans une commune nouvelle, naturellement vous devez avoir un concours de pétanques plus important ou "l'université d'été des exclus du PS" ? (c'était trop tentant et de toute manière, ça ne va pas aggraver mon cas, mais vous voyez, je ne peux pas résister à un bon mot, je suis écrivain...)

Je ne suis, Monsieur Serge Rigal, qu'un modeste "travailleur intellectuel" et vous avez réussi à obtenir un revenu indécent (pour moi, mais je ne suis pas coiffeur présidentiel) par votre fonction et plutôt que de servir notre département, mettre en valeur ceux qui font les choses, vous utilisez les leviers disponibles pour montrer qu'il ne faut surtout pas vous critiquer ou alors "liste noire" !

Je vous ai, à plusieurs reprises, proposé un échange cordial. Mais j'ai eu l'impression par les "réponses" ne pas me présenter dans la bonne position. Oui, je reste debout !

C'est décevant. Mais c'est la France de 2016, qui se lézarde, se fissure, se désagrège. Et vous ne semblez pas mesurer votre responsabilité dans cette agonie.

Littérairement,
Car l'essentiel, c'est la littérature.

Stéphane
Stéphane Ternoise

Et qu'advint-il ?

Confirmation de lecture de Serge RIGAL...

Envoyé : mardi 19 juillet 2016 18:30:12 (UTC+01:00) Bruxelles, Copenhague, Madrid, Paris
a été lu le mardi 19 juillet 2016 18:30:57 (UTC+01:00) Bruxelles, Copenhague, Madrid, Paris.

Etonnant !

Confirmation de lecture d'Elise RALAY le mercredi 20 juillet 2016 13:43:56.

Et le 21 juillet à 11:37, je recevais :

Monsieur Ternoise,

: Copie adressée à Monsieur le Maire de Montcuq

Faisant suite à votre invitation au premier salon du Livre de Montcuq-en-Quercy-Blanc,

ainsi qu'à mon mail du 19 Juillet vous informant que le Président du département devait excuser son absence, (mais ne précisant pas s'il serait représenté ou non, car dans l'attente d'une réponse de Monsieur Gastal), je vous informe que Monsieur GASTAL, Vice-Président et conseiller départemental de votre canton, représentera le Président le 14 Août à cet évènement.

Cordialement,

Elise RALAY

Collaboratrice de Cabinet
Cabinet du président

Monsieur Marc Gastal, avec qui j'ai échangé quelques mots courtois le 14 juillet, était naturellement déjà invité ès conseiller départemental du canton. Aurait-il également reçu la toge présidentielle sans mon mail de « léger mécontentement » ? Je vous laisse conclure !

Mais vous pouvez également en conclure : je comprends pourquoi on ne te voit jamais dans *Contact Lotois* ! Effectivement, de plus en plus de lotoises et lotois remarquent ce qu'il convient d'appeler une censure ! Je ne sais pas m'y prendre, répondront certain(e)s. Le but de ma vie n'est pas d'apparaître dans *Contact Lotois* ! Mais si un jour il m'est proposé d'y figurer via des questions intelligentes, je prendrai le temps d'y répondre, et considérerai cela comme une "juste récompense" de mon travail. Notre Président peut-il ignorer que ce magazine est payé avec l'argent public ?

Comme le résuma Alexandre Soljenitsyne « *Nulle part, aucun régime n'a jamais aimé ses grands écrivains, seulement les petits.* » (et ne réduisez pas cela à du "simple anticommunisme" même si le stalinisme reste, pour un homme de ma génération, ayant grandi « du bon côté du mur de Berlin », une des horreurs suprêmes)

Notre députée

De : Permanence Parlementaire de Dominique Orliac
18 Juillet 2016 à 10:15

Subject: RE: Montcuq en Quercy Blanc LE salon du livre du 14 aout 2016

« Bonjour,

Je vous prie de bien vouloir excuser Dominique Orliac, qui ne pourra pas être présente le 14 août prochain au salon du livre de Montcuq, n'étant pas dans le Lot à ce moment-là.

Je vous remercie.

Bien cordialement,

Sylvie BUTTY
Assistante parlementaire de Dominique ORLIAC »

Là également, je me suis défoulé ! Le samedi 23 juillet à 20 heures 49 je maniais l'humour, même s'il s'agit d'un exercice périlleux :

Madame ma députée,
Ma chère ancienne ophtalmologue,
Ma chère ancienne amie... facebook (oui vous m'avez viré ; sûrement classé mauvais électeur !)

Votre absence pour cette première nous désespère, notre présidente (association) semble même en état de choc, comme notre trésorier adjoint.
Non, c'est un peu exigé comme introduction. Et pas très crédible (surtout pour le trésorier adjoint).

Nous espérions votre visite, surtout pour les 43 auteurs, car votre fortune et votre intérêt littéraire laissaient espérer un départ les bras chargés (ou votre assistante parlementaire chargée). Non, la référence financière est déplacée. J'essaye autrement :

C'est triste, une première sans notre députée, surtout après votre venue aux premiers vœux de notre maire. La mairie se chargeant de nouveau du "pot de l'amitié", on pourrait y voir une critique de sa qualité. Les gens sont tellement mauvaises langues... vous connaissez les langues de Montcuq ?

En plus, j'avais des photos bien réussies de vous et notre maire (l'une est déjà en couverture d'un livre, ce bouquin ne serait quand même pas la cause ? Il ne faut pas confondre ma casquette d'essayiste et celle d'organisateur !)

Je n'ai plus d'autre idée... Car il n'y a aucun match à Roland Garros le 14 août. Peut-être l'inauguration du concours de Pétanques avec Serge ?

Espérant qu'en ce 14 août vous réussirez néanmoins à revenir du Tarn-et-Garonne pour être présent vers 11 heures à l'historique inauguration du 1er salon du livre de Montcuq-en-Q-B,

(Eh oui, une journée comme celle-là, ça n'arrive qu'une fois dans une vie, ce serait dommage de la louper)

Recevez mes amitiés littéraires et mes meilleurs souvenirs visuels.

Stéphane
Stéphane Ternoise

La réunion publique du mardi 14 juin

18 H 30, salle du Conseil Municipal, Mairie, place des Consuls, 46800 Montcuq en Quercy Blanc.

Il est naturellement toujours difficile d'obtenir une forte audience pour une réunion d'information dans le domaine culturel. Au nom de l'association "Montcuq en Quercy Blanc 1ere", j'avais souhaité cette réunion, la présentant ainsi : « *Pourquoi et comment un salon du livre le 14 août 2016 ?... Je répondrai aux questions et serai à l'écoute de l'ensemble des partenariats et idées pour cette première édition et naturellement les suivantes, cette manifestation ayant vocation à devenir un rendez-vous phare de l'été culturel lotois.* »

Nous sommes une très jeune association (JO du 01 01 2016) et portons un projet totalement inédit (aucun salon du livre dans l'histoire des 5 communes fusionnées au 1er janvier) ; il nous (me) sembla opportun de "faire un premier pas" vers des structures plus anciennes.

Les associations et personnalités les plus souvent citées dans le domaine culturel local avaient été invitées, ainsi que l'ensemble des élus de la commune nouvelle...

Nous avons finalement occupé "la petite table" de la salle du Conseil Municipal.

Monsieur le maire était représenté par M. André Piolot, deuxième adjoint, qui démontra un réel intérêt et une parfaite connaissance du dossier, ses particularités, son histoire.

Il m'apparut sur "la même ligne" que M. Alain Lalabarde, rencontré, en "dialogue privé", à deux reprises depuis son élection.

Bien qu'absents, ils avaient témoigné de leur intérêt pour cette initiative en me répondant :

Mme Catherine Prunet, vice-présidente chargée de la Culture au département : « *Je vous remercie pour l'invitation mais je ne serai pas à la présentation du Salon du livre, auquel je souhaite pleine réussite. Sachez que je diffuse les informations que vous me faites passer...* »

M. Jean-Claude BESSOU, président de notre Communauté de communes : « *Je remercie pour votre invitation au salon du livre. Cependant je suis absent du département durant la Semaine du 13 au 18 juin.*
Je vous souhaite donc une belle réussite pour ce salon et vous dit A bientôt. » Le 14 août ? Je l'ignore.

Aucune réponse des élus départementaux du canton. Je remerciais naturellement les présents. Même s'il convenait de constater l'absence de ces "associations et personnalités les plus souvent citées dans le domaine culturel"...

Une voix (élue au Conseil Municipal de Montcuq) signalait que nous aurions pu faire autrement : informer ces associations et personnalités de notre envie de faire un salon du livre pour le réaliser avec elles, plutôt que de le présenter... J'ignore naturellement si cette "autre voie" explique l'absence, notoire, par exemple, de la Bibliothèque ou de "la Halle aux Livres".

Naturellement, toute initiative nécessite des choix et après un historique remontant à la création du prix littéraire du salon du livre du net (en 2003 www.salondulivre.net) j'expliquais ainsi celui de l'option d'un "vrai salon du livre", où les intérêts des auteurs sont privilégiés (et non ceux des libraires).

Des choix également guidés par le soucis de réussir à installer un tel événement dans le temps, avec un budget très limité (les élus confirmaient qu'il n'aurait pas été raisonnable d'espérer un jour une subvention avec de nombreux zéros)

La liste des 43 auteurs (ou éditeurs), arrêtée quelques heures plus tôt, était distribuée.

Mais ce fut l'occasion d'obtenir un bel article dans *La Vie Quercynoise*, rédigé par Didier Quet, reprenant les éléments essentiels de mes propos et scrutant le net pour présenter chacun(e) des auteurs.

Au moment de la plus forte affluence, quand passa un certain Marc Prugnaud, du « Petit Journal » (édition du Lot) connu pour ne m'avoir jamais consacré le moindre article et ses propos disons intolérables, à mon sujet, tenus par mail à l'un de ses confrères, nous étions sept. J'avais naturellement repensé au 1er avril 2015.

Offrir un livre et autres initiatives

Durant ce salon, Philippe De Riemaecker, revêtira parfois sa casquette d'interviewer pour questionner des "collègues" dans le cadre de son émission hebdomadaire "Les fruits de ma passion" sur Radio Passion FM (radio belge).

Edith, proposera une tombola gratuite, où il vous suffira de gratter pour savoir si vous avez "PERDU ou GAGNE"... À Gagner des bouteilles de vin, d'apéritif ou de bière aux noms coquins...

Pourquoi ? Car Edith : présente son « *Dico des gros mots cachés dans les mots* », qui fut N°1 des "livres de toilettes" du temps où CANAL+ existait encore vraiment (le reportage d'alors : https://www.youtube.com/watch?v=2qki3P0P5qQ)

Et j'offrirai un livre...

Un livre peut être utile...
Cadeau du maire de Montcuq en 2012
à Nicolas Stoufflet du jeu des 1000 euros...
qui ne semble pas enchanté
(il aurait préféré du foie gras ?)

Jean-Louis Le Breton est prévenu : il recevra un bouquin lotois, ès lauréat du prix littéraire du salon du livre... du net. Nicolas Stoufflet avait semblé déçu... Ce n'était pas l'un de mes livres !... Peut-être aurait-il préféré du foie gras, ès animateur du jeu des mille zozos ? Pour l'auteur du *libre choix de Clara Weiss* il s'agira du "bien nommé" *Montcuq en Quercy Blanc*.

Et dimanche matin nous remettrons des bulletins aux auteurs pour l'opération... "Un livre acheté, une chance de gagner *France-Angleterre Un siècle de rivalité sportive.*"
Une manière également de dépasser nos "basses querelles locales" en s'ouvrant à un dossier aux conséquences plus vastes, le Brexit (Britain exit) sur cette terre où de nombreux britanniques se sont installés ou possèdent une résidence secondaire.

Également offert en clin d'œil : deux entrées au *Musée du Foie Gras* de Frespech. Offertes par l'office de tourisme... de Montaigu de Quercy (restées de la journée du livre du 5 juin...).
Qui viendra ajouter "une petite chose" ?

À chaque vente de livre, les auteurs remettront un bulletin, qu'il suffira aux visiteurs de remplir et placer dans l'urne située à l'entrée/sortie.

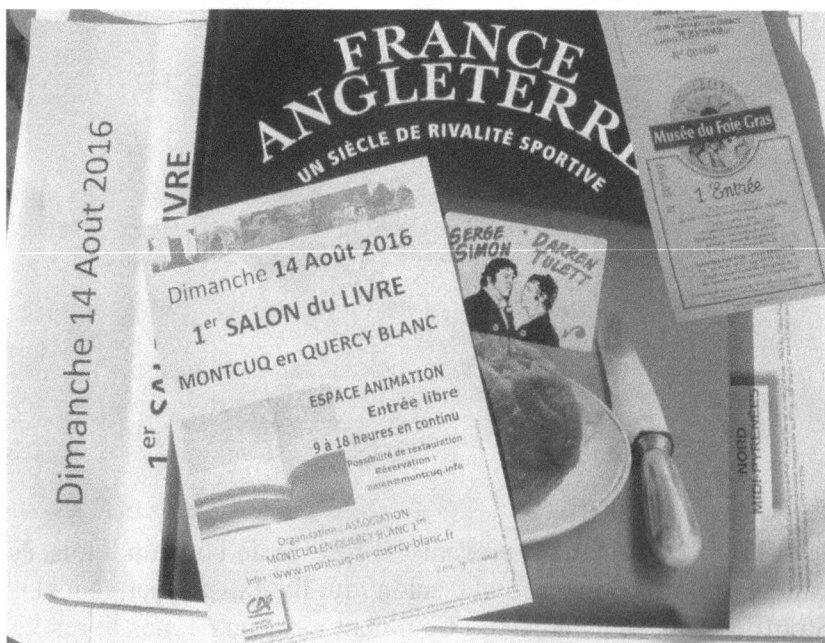

La Littérature, la culture, ici ?

Ce Salon du Livre peut-il trouver sa place dans Montcuq-en-Quercy-Blanc, où Montcuq-culture semblait tellement peu se soucier des écrivains, tellement éloigné de mon approche ?

Quand on parlait de culture ils ouvraient leur *Monopoly* ou chantonnaient *les cornichons* ? Ils avaient une bibliotoc !

Résumé des grandes préoccupations locales

Y'a même un festival de chansons... Forcément je m'y suis intéressé dès sa création... le terme "festival" me sembla alors un peu usurpé pour trois concerts dont deux en reprises :
- 28 juillet 2005 : Valérie Ambroise, hommage à Brassens.
- 29 juillet : Christelle Chollet, Piaf revisitée.
- 30 juillet : Henri Courseaux.

« *Président et directeur artistique : Henri Courseaux.* » Et il s'était catapulté "tête d'affiche" ! Une association derrière... Je ne connaissais pas HC... Le dossier de presse spécifiait « *Henri Courseaux a enregistré son premier CD en septembre dernier, à Saint-Laurent Lolmie, avec la violoncelliste Johanne Mathaly et le pianiste Jean-Louis Beydon.* »

J'ai continué à suivre, à lire le dossier de presse... 2008 : « *Henri Courseaux préside le festival de la chanson de Montcuq et en élabore chaque année la programmation artistique.* » Ce qui semblait signifier : ne le critiquez pas, sinon vous êtes grillés !

2009 : « *Cette année, autour du président fondateur comédien chanteur de ce festival, Henri Courseaux, deux chanteuses sont invitées : Valérie Ambroise et Christelle Chollet. Trois manières de chanter très personnelles, particulièrement riches et sensibles. Une chanson française telle qu'on aimerait l'entendre un peu plus...* » 2009, on reprend les têtes de 2005 et on ressert les plats... les platitudes ! 2014... Tintin...

Montcuq c'est également "*La Rue des enfants*". Avec une autre association visiblement bien vue des subventionneurs. Donc même dans le spectacle enfants, n'attendez pas d'eux une représentation de "*la fille aux 200 doudous*", texte traduit en italien, espagnol, anglais, allemand mais sûrement pas assez bon pour leurs critères... 16 septembre 2014 : « *Le festival jeune public La rue des enfants a confirmé sa notoriété, avec 3 000 visiteurs sur le week-end. Sa présidente Nathalie Passemard nous explique les raisons de cet engouement.*

- Quelles sont les retombées d'un tel festival ?

- Il renforce les liens familiaux et sociaux. Le temps d'un week-end, il met la culture à la portée de tous les milieux, grâce à un prix d'entrée très modique. Un tel événement change le visage du territoire. » Il doit donc être changé depuis !

Ce qui n'empêche pas cette dépêche de titrer « *La Rue des enfants maintient le cap* » le 17 septembre 2015 avec « *le festival la Rue des enfants, qui s'est déroulé ce week-end à Montcuq, a confirmé sa notoriété avec 2 400 entrées.* »

Combien d'argent public dilapidé ? De nombreuses subventions, une page de partenaires, un prix d'entrée dérisoire « *Une participation de 4 € par personne vous est demandée à l'entrée (tarif unique). Les ateliers et les spectacles sont ensuite gratuits.* » Dans *La Vie Quercynoise* en mai 2016 : « *l'association « Lézard de la rue », présidée par Nathalie Passemard et organisatrice*

entre autres du festival « Rue des Enfants », tenait son assemblée
générale, le 13 mai dernier, à Montcuq-en-Quercy Blanc. (...)
Pour 2016, l'association a établi un budget prévisionnel de
86 848 euros, dont 48 625 euros au profit des artistes.
L'association a remercié la Ville de Montcuq-en-Quercy Blanc,
qui est la seule collectivité à avoir augmenté sa contribution, en
2016, passant de 1 200 à 2 000 euros. »
Mais où passent les 38 223 autres euros ?...

Il existe désormais également une approche patrimoniale. En mai
2015, la dépêche écrivait « *Une nouvelle association, Montcuq*
patrimoine, vient tout juste de déposer ses statuts. Elle est
présidée par Rosamund Williams, qui est par ailleurs conseillère
municipale. «Conscients de l'importance pour nous tous du
patrimoine de notre commune et du défi posé par la sauvegarde et
la rénovation de nos bâtiments, nous avons voulu créer cette
association. Elle a pour but le lancement d'un programme
d'activités et des partenariats pour la récolte des fonds», explique
Rosamund Williams.
À ses côtés on trouve deux autres élus de la commune, Olivier
Meynen, secrétaire, et Patrick Doche, trésorier. Le conseil
municipal de Montcuq vient de signer une convention avec la
Fondation patrimoine, un organisme national privé reconnu
d'utilité publique, qui vise à promouvoir la connaissance, la
conservation et la mise en valeur du patrimoine bâti de proximité.
Cette fondation aidera l'association Montcuq patrimoine à lancer
une campagne de mobilisation du mécénat populaire. »
Pour se faire connaître mais sûrement également pour soutenir la
création, elle a organisé un concours de photos dont la
présentation trônait le 29 juillet 2015 sur la table placée à l'entrée
de l'église Saint Hilaire. Point 10 du règlement « *Photo concours*
expo les pierres de Montcuq » : « *Le publique sera appeler à*
voter les trois meilleurs œuvres ». [oui, quelques fautes peuvent
m'être signalées dans ce livre rapidement mis en forme mais là, il
s'agit du règlement du concours d'une association dont les liens
avec le conseil municipal élu en 2014 sont flagrants] Dès le point
2 du règlement, ça devenait déjà difficile : « *Inscrirez-vous avant*

le 11 septembre par mail. » Inscrirez-vous ? Vous inscrirez-vous ? Non, je suppose !

Aucun contact avec eux... Pourtant mes publication sur le le patrimoine de Montcuq ont peu de concurrents...

Quant à la bibliothèque ? Aucune de mes livres... Je crois avoir compris des rares échanges avec la bibliothécaire son désir d'aider le commerce local en achetant à la boutique du Point Presse, aux rayons peu fournis.

J'ai naturellement informé au sujet de ce salon du livre. Seul retour : l'office de tourisme... Faut-il accorder quelques mots au Pitoyable *Petit Canard* devenu du *Quercy Blanc ?* Un support distribué gratuitement trop souvent par rapport à sa qualité (désormais une fois par ans), prétendu au service des associations... Certaines sûrement... « *Ça se passait bien, je trouve, nous fusionnions autour de valeurs communes, ça allait baigner dans l'huile...* » (Michel Houellebecq, Soumission.)

Nous en sommes là. Vive Nino ! Vive la Kulture !

La vieille pierre du chanteur engagé !

2014... Pour la première fois, Montcuq était fendu en deux. La liste d'Alain Lalabarde l'emporta largement sur celle de Charles Farreny.

2016 j'attends la "banderole de Montcuq" avec l'annonce du salon du livre... Normalement là...

Faut-il toujours des victimes ?

Lebreil (Caminel)
Le Saint lotois Perboyre, crucifié en Chine

Qui sera crucifié ?

100 pages

Afin d'imprimer le titre sur l'arrête du livre, il est nécessaire de dépasser les cent pages. L'absence de réponses des élus m'oblige à meubler... à Montcuq y'a tout c'qui faut, histoires et démago... Montcuq Montcuq est beau...

Fusions, absorptions, superficie...

- Montcuq : 3 222 ha
Absorbe entre 1790-1794 : Saint-Privat-de-Montcuq
Absorbe entre 1795-1800 : Rouillac / Saint-Geniès / Saint-Sernin
1800 : 1 970 habitants ; 1901 : 1 758 ; 1999 : 1 263

- Valprionde : 1 592 ha
Absorbe entre 1790-1794, Saint-Aignan
Absorbe entre 1795-1800, Saint-Félix (Saint-Félix-des-Vaux)
1800 : 738 habitants ; 1901 : 506 ; 1999 : 152

- Belmontet : 1 212 ha
1800 : 582 habitants ; 1901 : 313 ; 1999 : 141

- Lebreil : 1 020 ha
Absorbe entre 1790-1794 : Caminel / Saint-Amans-de-Cabremorte
Lebrel devint alors Lebreil.
1800 : 517 habitants ; 1901 : 264 ; 1999 : 131

- Sainte-Croix : 777 ha
En 1801 Sainte-Croix-de-Vaux devient Sainte-Croix
1800 : 413 habitants ; 1901 : 197 ; 1999 : 69

Les mots avaient donc encore un sens vers 1800 : le législateur notait "absorber" et non "fusionner" quand il s'agissait d'absorption.
Si nous reprenons le nombre d'habitants de 1800 : Valprionde 738 + Belmontet 582 + Lebreil 517 + Sainte-Croix 413 : 2250. Soit un peu plus qu'à Montcuq alors à 1970.
Le territoire : Valprionde 1 592 ha + Belmontet 1 212 + Lebreil 1 020 + Sainte-Croix 777 : 4601. Montcuq était à 3 222 ha

Une belle ruine de Montcuq, depuis tombée.

Montcuq
La chapelle du XIIIeme siècle avant destruction

Grange rasée en toute légalité par son propriétaire. L'absence de protection du patrimoine local éclata alors en pleine face des élus. Depuis ? Histoire racontée en 2012 dans le livre : *La grange de Montcuq était une chapelle du XIIIeme.*

La guerre continue, écrivait Jack-Alain Léger

Faute d'argent, suicidons-nous !

En 1997 Jack-Alain Léger publiait *Ma vie (titre provisoire)*, une présentation de sa confrontation à l'univers de l'édition, se ponctuant par « *Hé bien ! La guerre continue, la guerre pour trouver ce minimum de paix nécessaire, un éditeur, un contrat, de quoi tenir encore quelques mois. J'en suis là.* » Signer un contrat, empocher un à-valoir, si modeste soit-il, écrire sur commande tout et n'importe quoi. Face aux auteurs en grandes difficultés quotidiennes, les éditeurs apparaissent comme des mastodontes financiers. Dix pages plus tôt, l'auteur notait « *où se situe la ligne de partage entre le compromis acceptable et l'inadmissible compromission ?* »

J'aime *Ma vie (titre provisoire)*, publié par *Salvy* (non, pas Malvy). J'avais d'abord cru qu'il s'agissait d'auto-édition mais "Salvy éditeur" fut créé par un certain Gérard-Julien Salvy. Un petit éditeur, peu visible.

Jack-Alain Léger fit une entrée fracassante dans le monde des lettres en 1976, avec "*Monsignore*", chez Robert Laffont : trois cent mille exemplaires, adaptation au cinéma, traduction en vingt-trois langues. Ses livres suivants ne parvinrent pas à renouveler le succès. "*Ma vie (titre provisoire)*" est donc le résumé de cette chute dans la considération du milieu littéraire. Néanmoins, au même moment, il réussissait une nouvelle percée, sous le pseudonyme de Paul Smaïl, un nouveau best-seller "*Vivre me tue*". Ce « *témoignage d'un jeune beur* » publié chez Balland était donc fictif, ce qui choqua certains, quand l'identité de l'auteur fut connue, en l'an 2000. Sûrement les critiques qui ne l'aimaient pas et se sont retrouvés à promouvoir ce texte ! Vive les pseudonymes ! Comme si la littérature, ce n'était pas un jeu de rôles !

« *J'ai su alors ce que peut nourrir de haine à l'endroit d'un écrivain uniquement écrivain la pègre des gens de lettres dont*

Balzac a si exactement dépeint les mœurs dans Illusions perdues, *mœurs qui n'ont pas changé, si ce n'est en pire : vénalité, futilité, servilité.*

J'avais perdu mes dernières illusions sur ce milieu dont les pratiques ressemblent tant à celles du Milieu : parasitages de la production, chantages à la protection, intimidations, etc. Publication de livres que l'éditeur juge médiocres ou invendables mais qu'il surpaie à des auteurs disposant d'un pouvoir quelconque dans les médias... (...) Fabrication par des nègres et des plagiaires d'une fausse littérature qui, comme la mauvaise monnaie, chasse la bonne... Calomnies et passages à tabac pour les rares francs-tireurs. « Nous avons les moyens de vous faire taire définitivement ! » me dit, sans rire, un critique, par ailleurs employé d'une maison d'édition et juré de plusieurs prix littéraires auquel j'ai eu le malheur de déplaire. Je n'étais d'aucune coterie, détestant ces douteuses solidarités fondées sur des affinités sexuelles, politiques ou alcooliques, voir une simple promiscuité au marbre d'un journal ou à la table ovale d'un comité de lecture ; j'étais puni. On me faisait payer cher de n'avoir jamais eu de "parrain". »

Le 17 juillet 2013, c'est par un tweet m'étant destiné que maître Emmanuel Pierrat informait le monde du suicide de l'écrivain en lutte.

> @ternoise je sors du commissariat et irai a la morgue demain : Jack-Alain Léger, dont j'étais le tuteur, s'est défenestré. Je le pleure.

Fusionner sa commune suite à la baisse des dotations, sans réel projet, c'est un peu comme se suicider face aux problèmes d'argent. Un écrivain vit de peu ! Mais non, JAL ne s'est pas suicidé pour des raisons financières...

Vous ne voyez pas l'utilité de la présence de cet écrivain dans « soumissions à Montcuq » ? Une illustration du "vivre insoumis". C'est difficile, c'est difficile oui mais... Et la récurrence du suicide... Une commune peut se suicider...

Comme un écrivain indépendant

Les petites communes insoumises devront organiser un villageothon ? Un peu d'imagination ! Certaines préfèrent se coucher. Et comme les sociétés victimes d'OPA, elles seront dépecées, vendues en lots ?

Que va faire Montcuq d'autant d'églises, murets, mairies et chemins ? Une grande braderie ?

Maîtriser les écrivains à Montcuq

Certes de nombreux administrés déversent régulièrement des propos peu aimables sur le dos des élus. Parfois sans réflexion ni cohérence. Et cela participe au climat de réticence pour l'engagement dans « la chose publique. »

L'embêtant avec les écrivains, c'est leur capacité d'analyse et d'expression ! Alors, à Montcuq, le « travail à bestiaux » fut recyclé pour permettre de maitriser les écrivains...

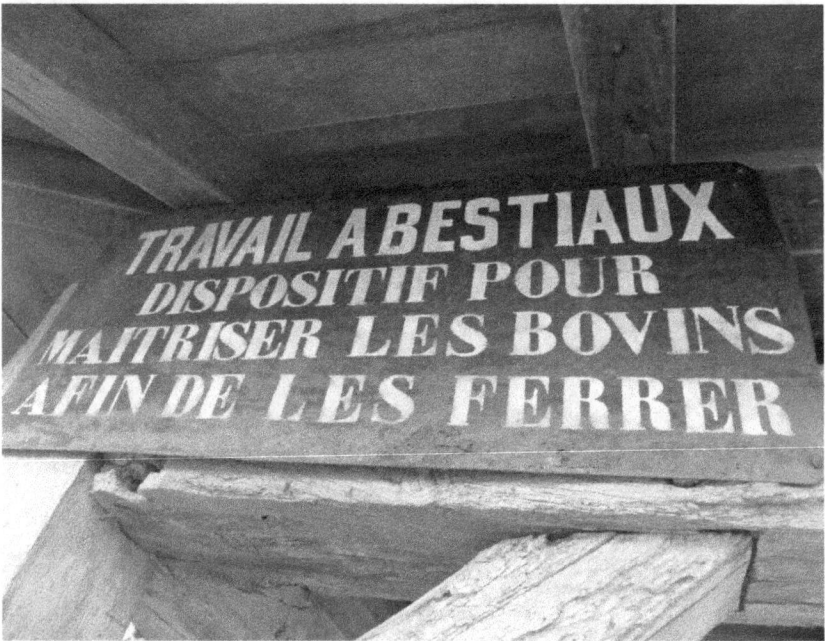

À Montcuq... Une similaire trace du passé existe à Ste Croix, près de la mairie. Et à Valprionde. Avant il s'agissait de maîtriser les bovins. Les ferrer... En passant près de ce vestige, il a trouvé son pseudo, Nino Ferrer ?
Des vieux racontent parfois cette légende...

Être essayiste à Montcuq...

Samedi 23 juillet 2016... sûrement la conséquence d'avoir également connu des "différents" avec un même "honorable séducteur", nous parlons longuement, et un élu m'avoue « *y'a certains points sur lesquels j'étais d'accord avec vous mais je ne pouvais pas le dire car je voulais que la fusion réussisse.* » Par exemple une "anomalie" incontestable mise en exergue par le modeste observateur, contre laquelle il y eut bloc, aucune réponse officielle, pas même une allusion en Conseil Municipal mais qui semble avoir suscité de nombreux remous "en interne"...
Dire la vérité peut susciter même des rancunes !
Mais j'ai souvent cité Marcel Aymé : « *la seule raison que nous ayons d'écrire, c'est pour dire des choses. Qu'importent les conséquences.* » Et si je reprends ici cette réplique, c'est en hommage à une plume restée libre dans des circonstances nettement plus dangereuses pour l'insoumission. Il répondait ainsi à Henri Jeanson, ami le mettant en garde sur le danger d'articles contraires à l'idéologie dominante, en 1940.

Voie romaine près du dolmen.

Je suis Anna Blume !

En 1987, Paul Auster publiait "*In the Country of Last Things*", au pays des choses dernières. Mais la traduction française fut lancée sous le titre "*Le Voyage d'Anna Blume.*" Une très mauvaise initiative. Car il s'agit bien d'un voyage au pays des choses dernières.

Sous la forme d'une lettre dont on ignore la manière dont elle a pu sortir de cet enfer, Anna Blume raconte l'histoire de son errance sur un territoire coupé du monde, où elle a décidé de se rendre à la recherche de son frère. Dans ce « pays des choses dernières », il s'agit de survivre.

« Il n'y a rien que les gens se retiennent de faire, et le plus vite tu l'auras compris, le mieux tu te porteras. »

« Tôt ou tard, vient un moment où l'on ne fait plus l'effort de se relever. »

« On pouvait travailler tant qu'on voulait, il n'y avait aucune possibilité de ne pas échouer. »

« Tu ne peux survivre que si rien ne t'est nécessaire. »

La France n'est pas ce « pays des choses dernières » ! Il faut certes accepter "une certaine pauvreté" pour vivre sans s'agenouiller (ou alors avoir un immense talent prétendront peut-être certains en souriant)...

Jusqu'au jour où un "expert" signera le papier nécessaire et suffisant, naturellement pour le bien d'un vilain « *connu pour son comportement marginal et son emportement à l'égard d'autrui* », et l'écrivain mâté sera placé. Il « *vivait dans des conditions d'hygiène déplorables* » ! Il se trouvera toujours des "experts" pour ce genre de formalités bien rémunérées, comme il s'en trouvait pour envoyer dans un camp de rééducation ou d'extermination. Ou alors, il suffit d'une plainte avec certificat médical, une « dénonciation calomnieuse », et tu te retrouves au sous-sol, photographié (même ton tatouage), les mains sales pour de multiples empreintes, et un prélèvement ADN. Les mains sales et la nausée... Naturellement "tout sera détruit" si tu es innocent...

Montcuq... sa bibliothèque...

Certains auteurs n'entrent pas à la bibliothèque de Montcuq

Une chatte de Montcuq, parmi tant d'autres. Ne vous plaignez pas d'un humour non autorisé par l'évêché...

Au bout de la rue,
Parfois un chien de lotois

Vos notes...

Une manière de conserver deux pages "presque blanches" pour le cas où une interview me parviendrait à un moment où une intervention de dernier moment sur les fichiers reste possible... sans modification du nombre de page...

Espace autographes ?

Affiches A3, flyers A5

Le Crédit Agricole acceptant de nous imprimer 1500 A5 et 50 A3, il suffisait de fournir au plus tard le 15 juin les PDF... Nous étions début mai... Ainsi le 13 juin j'ai reçu une copie des documents envoyés à notre directrice d'agence... Je l'ai donc immédiatement prévenue de mon envoi le lendemain de fichiers utilisables... Et sans photo récupérée "on ne sait où" Fatiguant...

Dimanche **14 Août 2016**

1er SALON du LIVRE

MONTCUQ en QUERCY BLANC

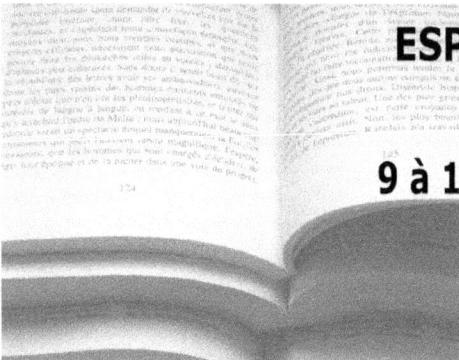

ESPACE ANIMATION

Entrée libre

9 à 18 heures en continu

Possibilité de restauration
Réservation :
salon@montcuq.info

Organisation : ASSOCIATION
MONTCUQ EN QUERCY BLANC 1ère
Infos : www.montcuq-en-quercy-blanc.fr

I.P.N.S Ne pas jeter sur la voie publique
jl petit - bp 17 - 46800

106

Montcuq en Quercy Blanc
Le salon du livre

Bienvenu Jacques	48
Boutaric Jean-José	16
Cance Francis	22
Capraro Graziella	23
Cavalié Roger	31
De Riemaecker Philippe	63
Dion Jean-François	40
Edith	59
Estradère Hélène	39
Fauriac Liliane	54
Gualbert Jean	64
Guérin Frédérique	15
Janvier Claude	19
Laborde Christiane	50
Le Breton Jean-Louis	52
Leininger Molinier GillEric	46
Lionel	20
Loasis	43
Mamita	44
Maron André	41
Martin Gérard (l'Etoile des limites)	24
Meckler Marilène	36
Pagés Daniel	42
Passim Nadine	42
Piquet Irène	18
Puyraud Edmond	55
Rannou Claude	45
Rinaldo Valérie	25
Robert Yvonne	38
Ros Rémi	34
Serdet Emmanuel	60
Ternoise Stéphane	65
Touzel Thomas	35

Et les autres, dont il manque les réponses !

Montcuq en Quercy Blanc
Le salon du livre

43 auteurs présentés en réunion publique le 14 juin...
À chaque désistement a correspondu une demande d'auteur lotois ou "presque". Ainsi nous seront 12 à essayer d'écrire dans ce département...

Avec mes 25 années de participations aux salons du livre, serais-je le plus expérimenté ?
Pour Irène Piquet et Valérie Rinaldo, il s'agira du premier salon du livre. C'est également une joie de pouvoir permettre ces débuts...

Dépôt légal à la publication au format ebook du 30 juillet 2016.

Imprimé par CreateSpace, An Amazon.com Company pour le compte de l'auteur-éditeur indépendant.
livrepapier.com

ISBN 978-2-36541-725-9
EAN 9782365417259
Montcuq en Quercy Blanc Le salon du livre de Stéphane Ternoise
© **Jean-Luc PETIT - BP 17 - 46800 Montcuq - France**

www.ingramcontent.com/pod-product-compliance
Lightning Source LLC
Chambersburg PA
CBHW070939210326
41520CB00021B/6974